영포자 여행영어
여행 가서 영어가 늘어 온다

for Hawaii

HARETABI KAIWA HAWAII EIGO
Copyright © 2016 Asahi Shimbun Publications Inc., All rights reserved.
Original Japanese edition published in Japan by Asahi Shimbun Publications Inc., Japan.
Korean translation rights arranged with Asahi Shimbun Publications Inc., Japan
through Imprima Korea Agency.

이 책의 한국어판 저작권은 Imprima Korea Agency 를 통해 Asahi Shimbun Publications Inc.과의 독점계약으로 그리고책에 있습니다. 저작권법에 의해 한국 내에서 보호를 받는 저작물이므로 무단전재와 무단복제를 금합니다.

STAFF
편집제작 YOTSUYA KOBO(YASUNORI ISHIMARU, MINAMI SAHARA, MAYUKO MARUYAMA), HISAE OKADA, TOMOMI HIRANO, AKIKO KOBAYASHI 사진협조 Media Etc. Aya Takada 표지본문디자인 ma-h gra (YOSHITATSU YAMAYA, SHOGO TAMURA, KYOTARO YABUTA, YUKIE NISHIZAWA, KUMIKO SIINA, YUKO SHIGA, HIROMI FUJIWARA, KIYOKA TANAKA, HAZUKI KASAI, PARK JI-SUNG) 본문일러스트 MAI BEPPU, MEGUMI GOTO 만화 OTAGUCHI 기획편집 HARUNA SUZUKI
발행자 TAKESHI SUDA

옮긴이 피엘씨웍스
피엘씨웍스는 전문적인 번역서비스를 통해 보다 가치 있는 언어 콘텐츠를 제공하는 것을 목표로 10여 년간 꾸준히 활동하고 있는 전문 번역업체입니다. 공공기관 및 기업을 대상으로 비즈니스, 재무·회계, 법률, 인문·사회 등 다양한 분야별로 전문적인 번역 서비스를 제공하고 있습니다.

여행 가서 영어가 늘어 온다
영포자 여행 영어
for Hawaii

1판 1쇄 발행 2017년 7월 3일

지은이	아사히신문출판
감수	김혜정
옮긴이	피엘씨웍스
펴낸이	김선숙, 이돈희
펴낸곳	그리고책(주식회사 이밥차)

주소	03720 서울특별시 서대문구 연희로 192 (연희동 76-22) 이밥차 빌딩 2층
대표전화	02-717-5486~7
팩스	02-717-5427
출판등록	2003.4.4 제 10-2621호

편집 책임	박은식
편집 진행	김아름, 이다인, 심형희
마케팅	남유진, 조혜진, 권지은
영업	이교준, 정강석
경영 지원	박민하, 한가을
디자인	김미희

ISBN 978-89-97686-79-7 13980

All rights reserved. First Korean edition published 2017. Printed in Korea.
· 값은 뒤표지에 있습니다.
· 잘못 만들어진 책은 바꾸어 드립니다.
· 이 책을 무단 복사, 복제, 전재하는 것은 저작권법에 저촉됩니다.
· 책 내용 중 궁금한 사항이 있으시면 그리고책(Tel 02-717-5486, 이메일 hunter@andbooks.co.kr)으로 문의해 주십시오.

영포자 영어를 절대 **포**기할 수 없는 **자**

여행 가서
영어가
늘어 온다

여행 영어

for Hawaii

그리고책
andbooks

CONTENTS

이 책을 활용하는 법	6
하와이는 이런 곳이야	8
하와이에서 뭘 할까?	10
하와이 3박 5일 추천 여행코스	12
기본 문장	16
자주 사용하는 문장	20
하와이어도 배워 보자	22

SHOPPING

SHOPPING 기본 문장	58
쇼핑센터: 완벽 시뮬레이션	60
지역별 대표 쇼핑센터	62
패션부띠끄: 완벽 시뮬레이션	64
다양한 패션 아이템	66
명품숍: 완벽 시뮬레이션	68
면세점: 완벽 시뮬레이션	70
하와이안 주얼리: 완벽 시뮬레이션	74
하와이안 주얼리란?	76
하와이 기념품: 완벽 시뮬레이션	78
수영복 & 해변 소품: 완벽 시뮬레이션	82
귀여운 해변 소품	84
슈퍼마켓: 완벽 시뮬레이션	86
슈퍼마켓 코너	88
직거래 장터: 완벽 시뮬레이션	90
직거래 장터 탐방	92

PLAY

PLAY 기본 문장	26
해상 레저 활동: 완벽 시뮬레이션	28
해변에 가서 뭘 하지?	32
옵션 투어: 완벽 시뮬레이션	34
현지 투어에 참가해 보자!	36
문화 강좌 : 완벽 시뮬레이션	38
골프 : 완벽 시뮬레이션	42
하와이 인기 골프 코스	45
테마파크: 완벽 시뮬레이션	46
박물관 & 미술관: 완벽 시뮬레이션	48
야간 볼거리 : 완벽 시뮬레이션	52
야간 이벤트 & 야경 명소	54

EAT

EAT 기본 문장	96
레스토랑 예약: 완벽 시뮬레이션	98
파인 다이닝: 완벽 시뮬레이션	100
하와이에서 칵테일을	102
조식 뷔페: 완벽 시뮬레이션	104
아침 식사: 완벽 시뮬레이션	106

팬케이크: 완벽 시뮬레이션	110
여러 가지 팬케이크	112
플레이트 런치: 완벽 시뮬레이션	114
여러 가지 플레이트 런치	117
햄버거: 완벽 시뮬레이션	118
햄버거 인기 메뉴	121
이국적인 하와이 맛집 : 완벽 시뮬레이션	122
스마트하게 팁을 건네는 방법	124
하와이안 푸드: 완벽 시뮬레이션	126
요리에 관한 하와이어 사전	128

TRAVEL

기내: 완벽 시뮬레이션	164
공항 입국: 완벽 시뮬레이션	166
공항 출국: 완벽 시뮬레이션	168
공항에서 시내로: 완벽 시뮬레이션	170
THE BUS: 완벽 시뮬레이션	172
와이키키 트롤리: 완벽 시뮬레이션	174
렌터카: 완벽 시뮬레이션	176
다양한 렌터카 보험	179
택시: 완벽 시뮬레이션	182
우체국: 완벽 시뮬레이션	184
와이파이 대여: 완벽 시뮬레이션	186
환전: 완벽 시뮬레이션	188
긴급 상황 발생 시 사용하는 문장	190

BEAUTY

BEAUTY 기본 문장	132
호텔 스파: 완벽 시뮬레이션	134
하와이에서 누릴 수 있는 스파 코스	137
로미로미: 완벽 시뮬레이션	138
에스테틱에서 사용하는 식물성분	140

English Lesson

숫자·요일	194
계절·월·시기·시간	196
한 → 영 단어장	198

읽을수록 즐거워지는 여행 STUDY

하와이의 음악·악기	40
카메하메하 대왕	50
하와이에서 지켜야 하는 룰	72
하와이의 전설	80
하와이의 커피	108

나들이의 즐거운 여행

이게 영어야?	24
하와이안 주얼리	56
케이키와 케이크	94
하와이어가 된 외래어	130
카 드라이빙	142
콩글리쉬	162

STAY

STAY 기본 문장	144
호텔: 완벽 시뮬레이션	146
호텔 이용에 반드시 필요한 문장	150
호텔 숙박에 반드시 필요한 문장	152
콘도: 완벽 시뮬레이션	154
콘도 숙박에 반드시 필요한 문장	158
호텔에서 문제가 발생하면 : 완벽 시뮬레이션	160

How to use?
이 책을 활용하는 법

 상황에 따른 세밀한 회화 시뮬레이션 제시

'해상 레저 활동', '쇼핑', '스파' 등 하와이 여행에서 경험할 수 있는 여러 가지 상황 별로 완벽한 실전 회화를 체험할 수 있도록 구성했다.

 사전 정보도 확인

각 테마에 대한 사전 정보를 자세하게 실었다. 기본 정보를 미리 알고 가면 여행과 대화가 더욱 즐거워질 것이다.

 입으로, 손으로 원하는 대로 말한다

회화 시뮬레이션에서 왼쪽은 내가 말하는 대사, 오른쪽은 상대방의 대사다. 말하고자 하는 문장을 한글 발음으로 읽어도 좋고, 상대방에게 해당 문장을 손가락으로 가리켜서 보여주며 대화를 시도해도 된다. 어느 방법이든 뜻은 정확히 전달될 것이다.

 상대방의 대답도 알아들을 수 있다

'질문을 해도 대답을 알아듣지 못 하는데?' 라고 생각하는 당신! 내가 할 말뿐만 아니라 예측 가능한 상대방의 대화도 수록, 단답형의 질문 이후에도 대화가 이어질 수 있게 했다.

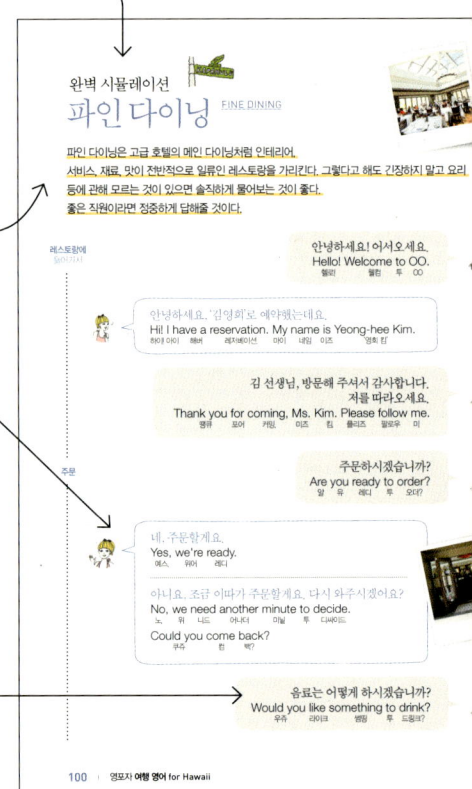

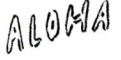

영어 발음에 관해

» 알파벳을 모르는 영포자도 영어를 말할 수 있도록 모든 문장과 단어에 한글 발음을 표기했다.
» 한글 발음은 실제 발음에 가깝게 표기하는 것을 우선했다. 표준 외래어 표기법에서 조금 벗어나더라도 현지의 실제 발음에 가깝게 들리도록 연음을 살리고, 소리나는 대로 적었다.
» 'isn't', 'doesn't'와 같이 마지막 '트'나 '크' 발음이 아주 약하게 날 때는, 모음 없이 자음만 적어 '이즌ㅌ' '더즌ㅌ'와 같이 표기했다.

 단어를 바꿔가며 편리하게 활용

기본 문장 안에 바꿔 넣어서 활용할 수 있는 단어를 함께 수록해 회화의 폭을 한층 넓힐 수 있다.

Point! 메뉴판부터 쇼핑 용어까지, 테마별 관련 단어 수록

회화 시뮬레이션 뒤에는 각 테마별 관련 단어를 소개하는 코너를 수록했다. 해당 단어를 손가락으로 가리켜서 주문하거나, 회화에서 소개한 문장에 단어를 바꿔 넣어 활용하자.

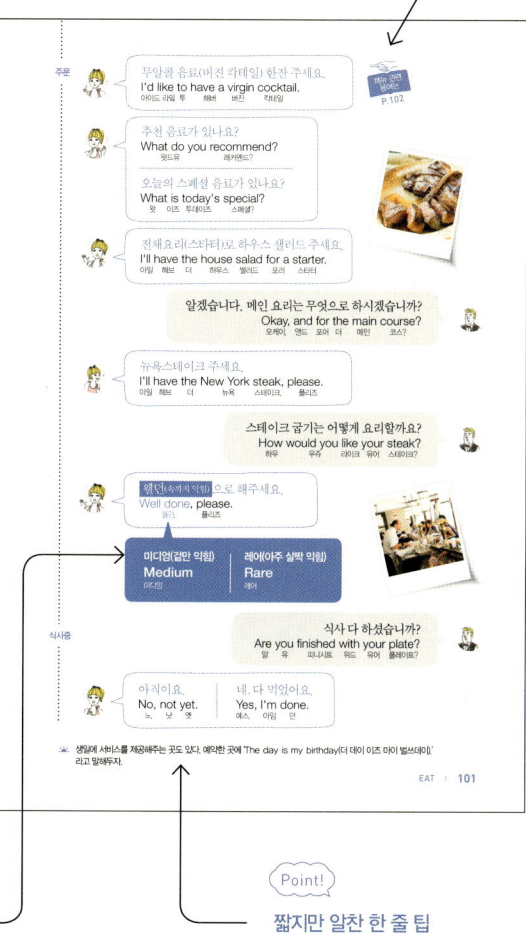

PLUS TIP

읽을수록 즐거워지는
여행 Study

하와이의 관습이나 전설 등의 문화를
즐겁게 배울 수 있는 칼럼.
미리 알고 가면 하와이를 더욱 잘
이해할 수 있게 된다.

나들이의 즐거운 여행
마실이와 나들이가 영어에 도전!

쉽게 저지를 수 있는 영어 실수,
깜짝 놀랄 만한 영어 상식들을
나들이와 함께 배워 보자.

한▷▷▷영 단어장

말하고 싶은 영어 단어를 한국어로 찾아볼
수 있는 편리한 단어장! 원하는 단어를 찾아
말하거나, 손가락으로 가리켜서 소통하자.

Point! 짧지만 알찬 한 줄 팁

영어와 하와이어에 관한 짤막한 정보
부터 센스 있는 여행 정보까지, 유익한
팁을 한 줄로 정리했다.

지역을 알고 공략하자!
하와이는 이런 곳이야

개성이 넘치는 관광의 필수코스. 지역별 특징을 알아보자.

역사가 깊은 명물 거리
동양적인 분위기가 흘러넘치는 거리에는 갤러리들이 즐비하다. 동쪽은 사무실들이 모여 있는 다운타운이다.

차이나타운
Chinatown

녹음이 우거진 호놀룰루 주택가
코올라우 산맥의 남동부에 있고 비교적 강수량도 많은 곳이라 무지개가 자주 생긴다. 철저한 생활밀착형 주거지다.

마노아
Manoa

워드 & 카카아코
Ward & Kakaako

카이무키
Kaimuki

새로운 문화가 태어나는 거리
5개의 시설을 갖춘 워드빌리지가 있는 '워드'와 벽화로 유명한 창고거리 '카카아코'가 이 지역의 2대 명소다.

미식가들이 드나드는 호놀룰루의 맛집 거리
와이알라에 애비뉴와 카파훌루 애비뉴에는 유명한 레스토랑부터 B급 맛집까지 식당들이 즐비하다. 지역색이 특히 강하다.

알라모아나
Ala Moana

끊임없이 발전하는 대형 쇼핑 상권
300개 이상의 점포가 모인 알라모아나 센터가 위치한 중심상권이다. 주변에는 부띠크나 화제의 맛집도 많다.

와이키키
Waikiki

하와이 체류의 거점이 되는 관광명소
하와이에서 가장 번화한 리조트 타운. 호텔이나 쇼핑시설, 레스토랑이 즐비하다.

오아후
Oahu

하와이의 옛 모습이 남아 있는 파도 마을 오아후
서핑의 메카이자 노스 쇼어의 중심지. 옛 정취에 대한 향수를 불러일으키는 거리에는 맛집들이 가득하다.

할레이바
Haleiwa

태평양이 눈 앞에 펼쳐지는 주거지역
오아후 섬 굴지의 아름다움을 자랑하는 라니카이 비치나 카일루아 비치가 있는 주택지

코올리나
Ko Olina

카일루아
Kailua

오아후 섬 서부의 큰 리조트 지역. 골프장이나 대형 리조트호텔이 있다.

진주만
Pearl Harbor

하와이 카이
Hawaii Kai

미군의 중요 군사거점. 함선이나 기념관 등 제2차 세계 대전에 대해 배울 수 있는 시설이 있다.

호놀룰루
Honolulu

조용한 주택가가 펼쳐진 남동부 지역

카할라
Kahala

셀럽들이 모여드는 고급 주택과 별장 지역
카할라 호텔을 중심으로 고급 주택과 별장 지역이 밀집되어 있다. 현지 셀럽들에게 인기 있는 상점 & 레스토랑 및 카할라 몰이 이곳에 위치해 있다.

하와이 관광의 중심지인 오아후 섬
관광객들로 붐비는 와이키키를 시작으로 개성 넘치는 지역들이 모여 있다. 다양한 모습을 보여주는 거리를 THE BUS나 트롤리, 렌터카로 돌아보자!

하와이어로 호놀룰루(Honolulu)는 '평온한 바다', 와이키키(Waikiki)는 '물이 샘솟는 곳'이란 뜻이다.

하와이에서 뭘 할까?

"하고 싶은 일이 한가득!"

휴양지의 필수 조건을 두루 갖춘 하와이. 해상 레저 스포츠를 즐기거나 쇼핑을 하고, 맛집을 섭렵하는 등 기대했던 모든 활동을 아낌없이 즐겨 보자. 하와이라서 가능한 여러 활동을 소개한다!

PLAY

해변 액티비티
Beach Activities
➔ P.28
"바다와 혼연일체가 되어 보자!"

골프
Golf
➔ P.42
"유명한 코스에서 데뷔해 볼까?"

테마파크
Theme Parks
➔ P.46
"역사를 배우고, 예술을 감상한다."

박물관 & 미술관
Museums & Art Museums
➔ P.48
"하와이의 역사와 예술을 배워 보자."

SHOPPING

쇼핑 센터
Shopping Centers
➔ P.60
"하와이가 쇼핑 천국이라 불리는 이유!"

하와이안 주얼리
Hawaiian Jewelry
➔ P.74
"왕족들이 착용했던 전통 주얼리도 만나 보자."

해변 용품
Beach Items
➔ P.82
"비치웨어와 액세서리는 하와이에서 마련하는 걸로!"

슈퍼마켓
Supermarkets
➔ P.86
"미국 스타일의 경제적인 아이템을 찾아보자."

EAT

고급 식당
Fine Dining
➔ P.100
"현지의 식재료를 사용한 최고의 요리들로 눈과 입이 즐겁다."

아침 식사
Breakfast
➔ P.104
"뷔페부터 풍성한 원플레이트 메뉴까지 다채로운 요리들이 가득하다."

팬케이크
Pancakes
➔ P.110
"팬케이크 유행의 발상지. 유명 전문점에 가서 먹어 보자!"

플레이트 런치 (하와이 대표 요리)
Plate Lunches
➔ P.114
"하와이안 도시락. 최근에는 메뉴도 매우 다양해졌다."

햄버거
Hamburgers
➔ P.118
"맛있고 푸짐한 햄버거를 먹어 보자!"

BEAUTY

STAY

호텔 스파
Hotel Spas
➡ P.134

"최고의 환경에서 일상의 피로를 해소한다."

호텔
Hotels
➡ P.146

"알로하의 스피릿, 가장 하와이스러운 숙박을 약속한다."

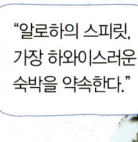

로미로미(하와이 전통 마사지)
Lomi Lomi
➡ P.138

"고대부터 전해 내려오는 하와이의 힐링마사지를 받아 보자."

콘도
Condominiums
➡ P.154

"하와이에서의 삶을 체험해 보자."

뷰티 용품 정보
➡ P.140

"하와이의 꽃이나 식물을 사용한 스킨케어 아이템도 각양각색. 선물로도 제격이다."

콘도란 우리의 아파트와 비슷한 개념이다. 영어권에서 아파트는 우리의 다세대 주택이나 서민들이 주거하는 일반 빌라의 개념이 강하다.

11

꼭 필요한 영어 표현은 미리 확인!
하와이 3박 5일 추천 여행 코스

이미 잘 알려진 지역은 물론, 숨겨진 명소도 놓치지 말고 찾아가 보자.
알짜배기 3박 5일 일정을 소개한다.

첫째 날

와이키키에서는 느긋하게 쇼핑은 본격적으로

도착한 날 시차 적응을 위해서는 최대한 몸을 움직이는 게 최고!

SPA

`11:00` **오랜 비행의 피로를 힐링하다**
하와이 전통 마사지 로미로미를 받으며 긴장을 풀어 보자. ➡ P.138

LUNCH

`13:00` **해변을 바라보며 점심 식사를**
하와이에 온 기분을 맛보려면 테라스(라나이) 자리를 지정하자. ➡ P.98

💬 테라스에서 먹어도 될까요?
Can we sit in the lanai?
캔 위 씻 인 더 라나이?

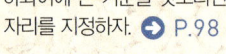

SHOPPING

`15:00` **로얄 하와이안 센터로**
와이키키 최대의 쇼핑 시설. 여기서 미리 선물을 구입해도 좋다. ➡ P.62

💬 입어 봐도 될까요?
Can I try it on?
캔 아이 트라이 이돈?

`18:00` **본고장의 훌라댄스를 만끽하며 저녁 식사를**
첫째 날 밤에는 하와이의 정취를 한껏 느껴 보자.

💬 맛있어요.
It's delicious.
잍츠 딜리셔스.

DINNER

영포자 **여행 영어 for Hawaii**

둘째 날

**해상 레저 스포츠에 도전
오후에는 알라모아나나 카카아코로**

아침부터 활동적으로 움직여보고 싶다면
먼저 해상 레저 스포츠를 즐겨 보자.

YOGA

BREAKFAST

`07:30` **일찍 일어나 해변에서 요가를**
해변에서 단체로 요가를 하며 몸에
활력과 자연의 기운을 불어넣는다.
신선한 아침공기로 심신을 가득 채워
보자.

`09:00` **인기 레스토랑에서 우아한 아침을**
조금은 호화스러운 아침 식사를 즐기
면서 하루를 시작해 보자. ➡ P.106

ACTIVITY

오늘 파도가 어떤가요?
How are the waves today?
하우 알 더 웨이브즈 투데이?

LUNCH

`10:30` **해상 레저 스포츠에 도전**
그저 바라보는 것에서 그치지 말고 바
닷속에 들어가 하와이의 자연을 몸으
로 느껴 보자. ➡ P.28

추천 요리가 있나요?
What do you recommend?
왓드유 레커멘드?

`12:00` **유행하는 플레이트 런치를 푸른 하늘
아래에서!**
마음껏 몸을 움직였다면 다음은 맛집에
서 플레이트 런치로 영양을 보충하자.
➡ P.114

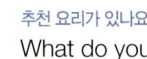

SHOPPING

`13:30` **THE BUS를 타고
워드 지역으로**
와이키키에서 주변지역으
로의 이동은 THE BUS가
편리하다. ➡ P.172

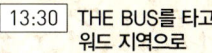

`14:00` **워드 빌리지**
토박이들이 애용하는
쇼핑몰. 레스토랑도
여러 곳 있다.

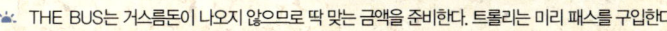

THE BUS는 거스름돈이 나오지 않으므로 딱 맞는 금액을 준비한다. 트롤리는 미리 패스를 구입한다.

WALKING

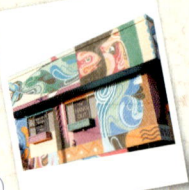

15:30 **카카아코의 예술 거리에서 기념 촬영**
워드의 서쪽에 있는 카카아코는 사진 촬영 명소가 가득하다! ➡ P.26

사진을 찍어도 될까요?
Is it okay to take pictures?
이짙 오케이 투 테이크 픽쳐즈?

도보

SHOPPING

17:00 **쇼핑의 천국 알라모아나 센터로**
가고 싶은 숍의 위치를 미리 체크해서 효율적으로 돌아보자.
➡ P.62

도보

DINNER

19:00 **쇼핑센터 내 레스토랑에서 저녁 식사를**
유명한 스테이크 전문점부터 푸드코트까지 다채로운 레스토랑들이 모여 있다.
➡ P.96

개인 접시를 주시겠어요?
Can I have some extra plates?
캐나이 해브 썸 엑스트라 플레이츠?

셋째 날 **동선을 넓혀 현지 마을로**
와이키키를 벗어나 현지인들이 많은 동네를 돌아보며 여유로운 시간을 만끽하자.

MORNING

10:00 **카일루아로**
하와이 특유의 운치가 가득한 현지의 거리와 아름다운 해변을 산책해 보자.

WALKING

버스

08:30 **직거래 장터에서 아침 식사를**
토요일엔 직거래 장터에 가 보자! 아침 식사도 이곳에서 즐길 수 있다!
➡ P.90

도보

14 | 영포자 **여행 영어** for Hawaii

SHOPPING

11:00 현지 동네에서 쇼핑을
세련된 상점들이 늘어선 카일루아 타운은 만족스런 쇼핑이 가능하다.
➡ P.58

DINNER

18:00 와이키키로 돌아와 최고의 저녁 식사를
좀 더 세련된 모습으로 와이키키의 마지막 밤을 즐겨 보자. ➡ P.100

> 스테이크는 레어(아주 살짝 익힘)로 해주세요.
> **I'd like my steak rare, please.**
> 아이드 라이크 마이 스테이크 레어, 플리즈

NIGHT

> 무대와 가까운 곳에 자리가 있나요?
> **Can we have a table near the stage?**
> 캔 위 해버 테이블 니어 더 스테이지?

19:00 와이키키의 밤, 칵테일과 함께 엔터테인먼트를 즐기며
하와이안 음악을 들으며 트로피칼 음료 한 잔을 들고 건배! ➡ P.52

넷째 날

마지막 날까지 하와이에 흠뻑
체크아웃까지 시간을 효율적으로 사용하여 하와이를 즐겨 보자.

BREAKFAST

07:00 해변을 바라보며 든든한 아침 식사를
해변을 눈에 담고 느긋하게 커피와 음식을 즐겨 보자.

> 커피를 리필해주시겠어요?
> **Can I have a refill of my coffee?**
> 캐나이 해버 리필 어브 마이 커피?

SHOPPING

09:00 슈퍼나 편의점에서 마지막 쇼핑을
아침부터 문을 여는 편의점이나 슈퍼에서 잡화나 깜빡한 선물을 구입하자.

> 작은 봉지를 주시겠어요?
> **Can I have some small bags?**
> 캐나이 해브 썸 스몰 백즈?

13:00 호놀룰루 공항에서 쇼핑
공항에는 면세점 외에도 편의점이나 서점 등이 있다. 남은 동전들을 여기에서 사용해도 좋다.

> 그걸로 주세요.
> **I'll take it.**
> 아일 테이킽

공항에서 과일이나 식물을 구입할 수 있지만 한국으로 반입하는 것은 검역표가 붙은 것이나 'For Korea' 표기가 있는 것만 가능하다.

LET'S COMMUNICATE!!
기본 문장

헬로우로 시작하는 인사말부터 네 / 아니요 등의 간단한 대답까지, 여행에서 필요한 최소한의 기본 표현들을 소개한다. 기본 문장을 바탕으로 대화의 첫걸음을 내딛어 보자.

기본 문장 01

인사말
헬로우는 어떤 때라도 OK. 알로하도 함께 외워두자.

안녕하세요.
Hello (Aloha).
헬로(알로하)

하와이에서는 '알로하'도 많이 사용한다. 만났을 때 뿐만 아니라 헤어질 때도 친근함을 담아 표현하는 인사말이다.

어떻게 지내세요?
How are you?
하우 알 유?

좋아요. 고마워요.
I'm good, thanks.
아임 굿. 땡쓰

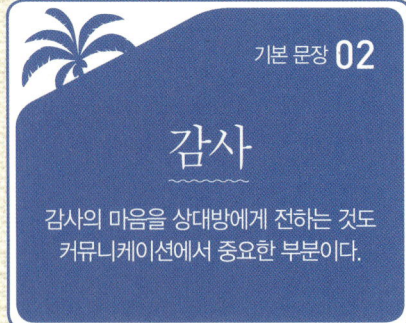

기본 문장 02

감사
감사의 마음을 상대방에게 전하는 것도 커뮤니케이션에서 중요한 부분이다.

감사합니다.
Thank you (Mahalo).
땡큐(마할로)

'마할로'는 '알로하'와 마찬가지로 일반적으로 사용되는 하와이만의 감사 인사말이다.

천만에요.
You're welcome.
유얼 웰컴

기본 문장 03

헤어질 때

친한 관계라면 'Bye now' (바이 나우)라는 표현도 있다.

안녕히 계세요.
Goodbye.
굿바이

또 봐요.
See you(A hui hou).
씨 유(아 후이 호우)

여러 가지로 감사합니다.
Thank you for everything.
땡큐 포 에브리띵

○○에게 안부 전해주세요.
Say hi to ○○.
세이 하이 투 ○○

기본 문장 04

사과

'실례합니다' '뭐라고요?'는 Excuse me? (익스큐즈 미) 라고 한다.

미안합니다.
I'm sorry.
아임 쏘리

괜찮아요.
No problem.
노 프라블럼

Aloha(알로하)는 헤어질 때 하는 인사말로도 사용된다. 감사의 마음을 담은 하와이의 인사말이다.

기본 문장 05

말을 걸 때

궁금한 일이 있거나 점원을 부를 때는 이 두 마디면 OK

실례합니다.
Excuse me.
익스큐즈 미

이봐요!
Hey!
헤이!

기본 문장 06

네 / 아니요

자신의 의사를 표현하기 위한 기본 단어이다. 이것만큼은 확실하게 전달하자.

예.
Yes.
예스

아니요.
No.
노

기본 문장 07

거절

모르는 일이거나 거절하고 싶을 땐 애매모호하게 표현하는 것보다 확실하게 뜻을 전달하는 것이 매너이다.

모르겠는데요.
I don't know.
아이 돈트 노우

아니요, 괜찮아요.
No, thanks.
노, 땡쓰

기본 문장 08

질문, 부탁

알아 듣지 못하는 경우나 부탁해야 할 때 이 표현들을 사용하자.

뭐라고 말씀하셨죠?
What did you say?
왓 디쥬 세이?

무슨 말씀이세요?
What do you mean?
왓두유 민?

조금 천천히 말해주시겠어요?
Can you speak
캔 유 스피크
more slowly?
모어 슬로울리?

뭐라고 하셨죠?
(한 번 더 말씀해 주시겠어요?)
Pardon me?
파든 미?

물어봐도 될까요?
Can I ask you
캐나이 에스크 유
something?
썸딩?

기본 문장 09

자주 보이는 하와이어

레스토랑의 메뉴판에서, 화장실에서 한 번쯤은 보게 되는 하와이어다. 알아 두자!

여성
Wahine
와히니

남성
Kane
케인

푸푸(안주, 전채요리)
Pūpū
푸푸

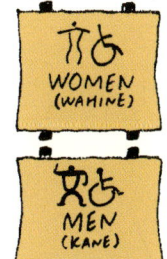

모르는 것은 확실히 확인하는 것이 중요하다. 물어보는 것은 결코 부끄러운 일이 아니다.

자주 사용하는 문장

기본 인사말을 익혔다면 하와이 특유의 호칭이나 감탄사로 감정까지 전달해 보자. 커뮤니케이션이 더욱 즐거워질 것이다.

자주 사용하는 문장 01

호칭

하와이 특유의 호칭. 친근함과 존경을 담은 호칭이다.

아주머니
Auntie.
앤티

하와이에서 앤티는 친근함을 담은 호칭이다.

아저씨
Unko.
안코

Uncle이 짧아진 형태이다. 역시 친근함이 담긴 호칭이다.

자주 사용하는 문장 02

감탄을 표현하는 문장

감탄사와 같이 감정을 표현하는 문장을 적절히 사용한다면 대화가 한층 부드러워질 것이다.

정말이요?
Really?
릴리?

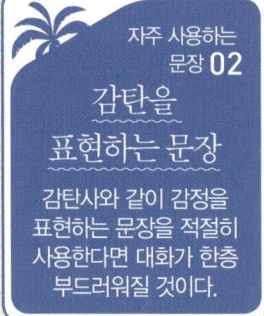

대단해요!
Wow!
와우!

오, 이런!
Oh, my gosh!
오, 마이 가쉬!

정말 싫은데요(또는 안 돼)!
No way!
노 웨이!

맛있어요.
Yummy.
여미

최고예요.
That's great.
댓츠 그레잍

귀여워요.
Cute.
큐트

멋져요.
Cool.
쿨

제가 했어요.
I did it.
아이 디드 잍

자주 사용하는 문장 03
곤란할 때
곤란을 느꼈을 때 사용하는 문장. 현지 사람들에게 도움의 손길을 요청해 보자.

문제가 생겼는데요.
I'm in trouble.
아임 인 트러블

자주 사용하는 문장 04
맞장구
대화를 나누면서 맞장구를 쳐준다면 당신이 바로 커뮤니케이션의 끝판왕

그래요?
Is that so?
이즈 댓 소?

그래서요?
And?
앤드?

맞아요!
Exactly!
이그잭틀리!

맞아요.
I agree.
아이 어그리

그러길 바라요.
I hope so.
아이 홉 소

하와이는 이민자들이 많아 각각의 사투리가 있다. 발음에 자신이 없어도 의사소통에는 문제가 없다!

영어만 있는 게 아니야!
하와이어도 배워 보자!

여행자라면 거의 대부분 영어만 할 수 있어도 충분하지만, 안내 표지나 메뉴판과 같이 장소나 상황에 따라 하와이어를 만나게 되는 경우도 있다. 대표적인 하와이어를 알아 두면 여행이 더욱 즐거워진다.

인사말

Aloha	알로하	(일반적인 인사) 안녕하세요
Aloha kakahiaka	알로하 카카히아카	(아침 인사) 안녕하세요
Aloha ahiahi	알로하 아히아히	(저녁 인사) 즐거운 저녁 되세요
Mahalo	마할로	감사합니다
Mele kalikimaka	멜레 칼리키마카	즐거운 크리스마스 되세요

자주 볼 수 있는 단어

Aina	아이나	장소
Ohana	오하나	가족
Kahakai	카하카이	카하카이 해변
Hoaloha	호알로하	친구
Kai	카이	바다
Nalu	날루	파도
Kelepona	켈레포나	전화
Lanai	라나이	테라스

Mauka	마우카	산 쪽으로
Makai	마카이	바다 쪽으로
Wahine	와히니	여성
Kane	케인	남성
Keiki	케이키	어린이

식사 관련 용어

Pūpū	푸푸	안주, 전채요리
Aina Kakahiaka	아이나 카카히아카	아침 식사
Aina ahiahi	아이나 아히아히	저녁 식사
Aina awakea	아이나 아와케아	점심 식사
Hale 'aina	할레 아이나	레스토랑(식당, 카페)
Wai	와이	물

교통 관련 용어

Paikala	파이칼라	자전거
Moku	모쿠	보트
Ka'a 'ōhua	카아 오후아	버스
Ka'a kahua mokule	카아 카후아 모큘레	공항 셔틀버스
Wahi kūkulu ka'a	와히 쿠쿨루 카아	주차장

하와이의 도로명은 하와이어로 된 것이 많다. 알파벳으로 표기되어 있어 알아보기는 쉽다.

PIGIN ENGLISH 피진 잉글리시

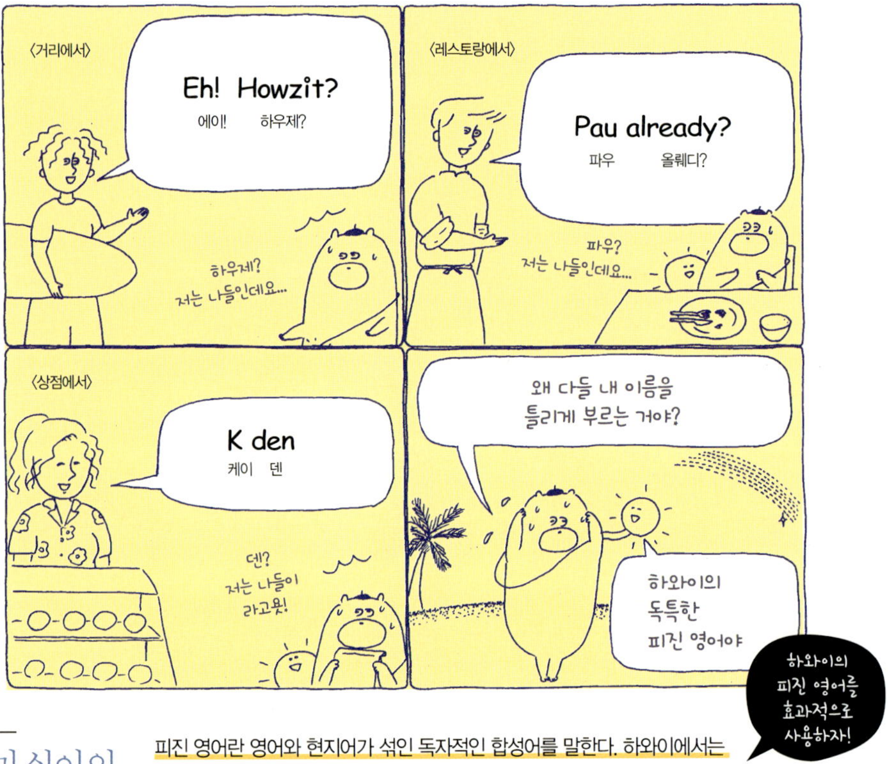

〈거리에서〉
Eh! Howzit?
에이! 하우제?
하우제? 저는 나들인데요...

〈레스토랑에서〉
Pau already?
파우 올웨디?
파우? 저는 나들인데요...

〈상점에서〉
K den
케이 덴
덴? 저는 나들이 라고요!

왜 다들 내 이름을 틀리게 부르는 거야?
하와이의 독특한 피진 영어야

하와이의 피진 영어를 효과적으로 사용하자!

마실이의 advice

피진 영어란 영어와 현지어가 섞인 독자적인 합성어를 말한다. 하와이에서는 전체 인구인 약 130만 명 중 아시아계가 39%, 하와이안이나 폴리네시안은 10%도 적다. 그 때문에 각국의 언어가 섞인 하와이의 독특한 피진 영어를 사용하게 되었다.

자주 듣게 되는 피진 영어

	영어	하와이어
안녕! 잘 지내?	Hi! How are you? 하이! 하우 알 유?	Eh! Howzit? 에이! 하우제?
식사 다 하셨습니까?	Finish? 피니시?	Pau already? 파우 올웨디?
맛있어요.	Delicious. 딜리셔스.	Broke da mouth. 브로크 다 마우뜨
알겠습니다.	Okay then. 오케이 덴	K den. 케이 덴
(앞서 말했던) 그런 것이요.	That kind of thing. 댓 카인드 어브 띵	Da kine. 다 카인
할 수 없어요.	Cannot. 캔낫	No can. 노 캔
어떤 종류든 상관없어요.	Any kind. 애니 카인드	Anny kine. 애니 카인

영포자 **여 행 영 어** for Hawaii

PLAY

P.28 해상 레저 활동

P.34 옵션 투어

P.38 문화 강좌

P.42 골프

P.46 테마파크

P.48 박물관 & 미술관

P.52 야간 볼거리

기본 문장 <u>BASIC PHRASES</u>

하와이의 다양한 관광 명소에서 두루 사용할 수 있는 편리한 표현들을 소개한다.
준비됐다면, 다음은 그저 마음껏 즐기는 것뿐. Have fun!

티켓은 어디에서 살 수 있어요?
Where can I purchase a ticket?
웨어 캐나이 펄체스 어 티켓?

이 쿠폰을 사용할 수 있나요?
Can I use this coupon?
캐나이 유즈 디스 쿠폰?

화장실이 어디에요?
Where is the restroom?
웨어리즈 더 레스트룸?

학생 할인이 가능한가요?
Do you offer student discounts?
두 유 오퍼 스튜던트 디스카운츠?

투어 예약을 하고 싶은데요.
I'd like to book a tour.
아이드 라익 투 부커 투어

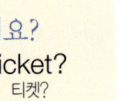

유아할인	경로우대할인
Child	**Senior**
차일드	시니어

사진 또는 영상을 촬영해도 되나요?
Is it okay to take pictures and videos?
이짤 오케이 투 테이크 픽쳐즈 앤드 비디오즈?

안에서 음료를 마셔도 되나요?
Can we have beverages inside?
캔 위 해브   베버리지스   인싸이드?

음식을 먹을 수 있는 곳이 있나요?
Is there somewhere we could get something to eat?
이즈 데얼   썸웨어   위 쿠드 겟   썸띵 투 이트?

가방을 맡길 곳이 있나요?
Is there somewhere we could leave our bags?
이즈 데얼   썸웨어   위 쿠드 리브 아워 백스?

서핑보드를 빌리고 싶어요.
I'd like to rent a surfboard.
아이드 라잌 투 렌트 어 서프보오드

한 시간에 얼마인가요?
How much is it per hour?
하우   머치   이짙 퍼 아워?

사진 촬영을 부탁 드려도 될까요?
Would you please take our picture?
우쥬   플리즈 테이크 아워   픽쳐?

🌴 무엇을 부탁하고 싶을 때는 'Can I~?'또는 'Would you~?'가 기본 패턴이다.

PLAY | 27

완벽 시뮬레이션 
해상 레저 활동 BEACH ACTIVITY

하와이의 해변에선 다양한 레저 스포츠를 즐길 수 있다. 일반적으로 요금을 지불하고 도구를 빌리거나 현지 스태프의 지도를 받으며 즐기는 것들이 많다. 그중 가장 인기 있는 것은 뭐니뭐니해도 서핑. 그밖에도 스노클링, 아우트리거 카누 등 취향대로 경험해 보자.

❀ 서핑 ❀

신청

오늘 파도는 어떤가요?
How are the waves today?
하우 알 더 웨이브즈 투데이?

서핑 포인트는 해변 곳곳에 있다.

좋습니다 | 바람이 너무 많이 불고 있어요.
Good. | It's too windy.
굿 | 잍츠 투 윈디

서핑보드를 빌리고 싶어요.
I'd like to rent a surfboard.
아이드 라잌 투 렌트 어 서프보오드

한 시간에 얼마예요?
How much is it per hour?
하우 머치 이짙 퍼 아워?

스탠드 업 패들도 주목받고 있다.

30분	2시간	반일	하루
30 minutes	2 hours	half day	one day
떨티 미니츠	투 아워즈	해프 데이	원 데이

가방은 여기에 놓고 가도 될까요?
Can I leave my bags here?
캐나이 리브 마이 백스 히어?

초보자인데요.
I'm a beginner.
아임 어 비기너

강습을 받을 수 있을까요?
Is there someone who could teach me?
이즈 데얼 썸원 후 쿠드 티치 미?

신청

강습도 가능합니다. 개인 레슨은 1인당 한 시간에 $90이고,
소규모 레슨은 1인당 한 시간에 $70입니다.
We have classes. Private lessons are $90 per hour and
위 해브 클래씨즈 프라이빗 레쓴즈 알 나인티 달러즈 퍼 아워 앤드
semi-private lessons are $70 per hour, per person.
세미-프라이빗 레쓴즈 알 쎄븐티 달러즈 퍼 아워, 퍼 퍼슨

강습비에 보드 렌탈료도 포함되나요?
Does that include the board rental fee?
더즈 댓 인클루드 더 보오드 렌틀 피?

네, 하지만 보험료는 별도입니다.
Yes, but it does not include insurance.
예스, 벗 잍 더즈 낫 인클루드 인슈어런스

신청서는 여기 있습니다.
Here is the application form.
히어 이즈 디 어플리케이션 폼

여기에 서명하세요.
Please sign here.
플리즈 싸인 히어

❄ 스노클링, 스쿠버다이빙 ❄

신청

바닷속이 얼마나 잘 보여요?
How clear is the water?
하우 클리어 이즈 더 워터?

굉장히 맑아서 잘 보여요.
It's very clear.
잍츠 베리 클리어

오늘은 약간 흐릴 수 있어요.
It may be a little cloudy today.
잍 메이비 어 리들 클라우디 투데이

어떤 종류의 물고기를 볼 수 있어요?
What kind of fish can we see?
왓 카인드 어브 피쉬 캔 위 씨?

예를 들면, 후무후무누쿠누쿠아푸아(쥐치의 일종인 열대어)를
볼 수 있습니다.
There are Humuhumunukunukuapuaa, for example.
데어라 후무후무누쿠누쿠아푸아, 포어 이그잼플

실제 하와이어로 이렇게 긴 이름을 가진 물고기가 있다. 영어로는 trigger fish(트리거 피쉬)이다.

정기적으로 그룹 레슨을 여는 서핑스쿨도 있다.

🌸 카타마란 요트 투어 🌸

카타마란은 간편하게 즐길 수 있는 크루즈이다.

신청

다음 보트는 언제 탈 수 있어요?
What time is the next boat?
왓 타임 이즈 더 넥스트 보우트?

오후1시에 타실 수 있습니다.
At 1:00 p.m.
앹 원 피엠

두 명이 탈 수 있어요?
Is it available for two people?
이짙 어베일러블 포어 투 피플?

3명	4명	5명	6명
three	four	five	six
뜨리	포얼	화이브	씩스

네.
Sure
슈어

파도가 심한가요?
Is it choppy?
이 짙 차피?

파도가 심해질 수도 있습니다.
It may be choppy.
잍 메이비 차피

파도가 심하지 않습니다.
It's not so choppy.
잍츠 낫 쏘 차피

보트 투어는 얼마나 걸리나요?
How long does the tour take?
하우 롱 더즈 더 투어 테이크?

약 1시간 걸립니다.
It takes about an hour.
잍 테이크스 어바웃 언 아워

배에서 식사와 음료가 제공되나요?
Is there any food and drink on board?
이즈 데얼 애니 푸드 앤드 드링크 온 보오드?

배에서 무료 음료가 제공됩니다.
There are complimentary drinks on board.
데어라 캄플리멘트리 드링크스 온 보오드

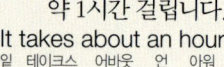

❀ 예약하기 ❀

예약

안녕하세요, 내일 투어를 예약하고 싶은데요.
Hello, I'd like to book a tour for tomorrow.
헬로, 아이드 라잌 투 부커 투어 포어 투모로우

네, 가능합니다. 몇 시로 예약해 드릴까요?
Sure. What time would you like?
슈어. 왓 타임 우쥬 라이크?

투어가 몇 시에 있죠?
What times are your tours?
왓 타임즈 알 유어 투어즈?

다양한 종류의 투어는
P.32

오전 10시부터 오후 4시까지 매 정각에 투어를 시작합니다.
We have tours every hour from 10:00 a.m. to 4:00 p.m.
위 해브 투어즈 에브리 아워 프럼 텐 에이엠 투 포얼 피엠

취소는 언제까지 할 수 있나요?
What is your cancellation policy?
왓 이즈 유어 캔슬레이션 팔러씨?

투어 시작 24시간 전까지 예약 취소가 가능합니다.
You can cancel your reservation 24 hours prior to the tour.
유 캔 캔슬 유어 레저베이션 트웬티포얼 아워즈 프라이어 투 더 투어

투어 할 때, 준비물이 있나요?
Is there anything I should bring with me on the tour?
이즈 데얼 애니띵 아이 슈드 브링 위드 미 온 더 투어?

바람막이 점퍼가 있으면 챙기세요.
You might need a windbreaker.
유 마이트 니드 어 윈드브레이커

모자와 선글라스를 반드시 준비하세요.
You should bring a hat and sunglasses.
유 슈드 브링 어 햇 앤드 썬글래씨즈

 겨울에는 고래를 보러 가는 웨일 워칭 투어가 인기다.

할 수 있을까요?
Is it available?

여러 가지 해상 레저 스포츠
해변에 가서 뭘 하지?

하와이의 해변에서 마음껏 몸을 움직이며 레저 스포츠를 만끽하는 것은 모든 여행자들의 로망! 간단한 영어 표현만 알아도 쉽게 이용할 수 있는 활동들을 소개한다.

On the sea 바다에서

서핑
Surfing
상급자에게는 노스쇼어나 선셋비치가 인기지만 초보자라면 와이키키 일대부터 시작하자. 보드 렌탈이나 초보자레슨도 있다.

스탠드 업 패들보드
Stand Up Paddleboard
서핑보드 위에 서서 노를 저어 전진한다. 부력이 있어 비교적 안정적이고 파도가 없을 때는 느긋하게 바다 전경을 즐길 수 있다.

아우트리거 카누
Outrigger Canoe
부력이 강하게 작용하는 남태평양 지역 특유의 아우트리거 카누는 하와이 왕족들도 애용하던 탈것이다. 노를 저어가며 파도타기를 즐겨 보자.

아쿠아사이클
Aquacycle
타이어가 물에 뜨는 삼륜차. 발로 페달을 밟으며 바다 위 사이클링을 즐길 수 있다. 페달을 밟는 건 매우 힘들지만 좋은 운동이 된다.

덕 투어
Duck Tour
DUCK이란 미군이 제 2차 세계 대전 중 물자를 운반하기 위해 사용했던 수륙양용차를 말한다. 호놀룰루 시내를 달리는 코스나 선셋을 바라보는 투어가 있다.

스노클링

Snorkeling

공기를 흡입하기 위한 스노클과 고글, 오리발을 장착하고 바다에 둥둥 떠다니며 바닷속을 볼 수 있다.

썬셋 크루즈

Sunset Cruise

배 위에서 식사나 칵테일을 즐기며 일몰을 지켜보는 크루즈 투어. 관광객들이 손꼽는 아름다운 풍경을 경험할 수 있다.

파라세일

Parasail

보트에 밧줄로 연결된 낙하산을 타고 하늘 위로 날아오른다. 해상 약 150m 높이에서 망망대해를 바라보며 가슴이 뻥 뚫리는 상쾌한 기분을 느낄수 있다.

제트레브 플라이어

Jetlev Flyer

등에 장착한 노즐에서 분사되는 수압을 이용해 바다 위를 자유자재로 날아다니는 신개념 해상 레저 스포츠.

아틀란티스 서브마린

Atlantis Submarine

잠수함을 타고 해저를 한 바퀴 순회한다. 다채로운 색상의 물고기나 산호초가 서식하는 환상적인 바다 세계가 눈앞에 펼쳐진다. 아이들도 참여가 가능하다.

스쿠버 다이빙

Scuba Diving

산소통을 등에 지고 바닷속을 헤엄치는 인기 레저 스포츠. 물고기나 산호초 외에 운이 좋다면 바다거북이나 돌고래를 가까이서 볼 수도 있다.

※ 파라세일이나 스쿠버 다이빙처럼 보험 가입이 필수인 투어도 있으므로 신청할 때 확인하자.

완벽 시뮬레이션
옵션 투어
OPTIONAL TOUR

여행 일정 중 별도로 요금을 지불하고 관광 상품이나 레저 활동을 추가하는 것을 옵션 투어라고 한다. 여행사에 따라 준비된 내용은 각양각색이지만 오아후섬 일주나 호에루 워칭 등이 인기가 있다. 한국어 가이드가 있는 경우도 있지만 영어를 할 수 있다면 더욱 즐거울 것이다.

집합

어디에서 기다릴까요?
Where is the meeting place?
웨어리즈 더 미팅 플레이스?

로비에서 기다리세요.
Please wait in the lobby.
플리즈 웨잍 인 더 로비

섬 투어를 하실 김영희 씨 오셨나요?
Ms. Kim for the circle island tour?
미즈 킴 포어 더 써클 아일랜드 투어?

네, 왔어요.
Yes, I'm here.
예스, 아임 히어

바우처란 예약확인서를 말한다.

바우처를 보여주세요.
Your voucher, please.
유어 바우처 플리즈

이용해 주셔서 감사합니다. 버스에 타세요.
Thank you very much. Please get on the bus.
땡큐 베리 머치 플리즈 게돈 더 버스

빈 자리에 앉으면 되나요?
Can I sit anywhere?
캐나이 씻 애니웨어?

네, 원하는 자리에 앉으시면 됩니다.
Sure. You can sit wherever you like.
슈어 유 캔 씻 웨어에버 유 라이크

아닙니다. 좌석번호를 확인해 주세요.
I'm afraid you can't. Please check your seat number.
아임 어프레이드 유 캔트. 플리즈 체크 유어 씻 넘버

집합

(버스 출발 전) 화장실에 갔다 와도 되나요?
Do we have time to go to the bathroom?
두 위 해브 타임 투 고 투 더 배쓰룸?

상점	프론트
Mini mart	Front desk
미니 마트	프런트 데스크

네, 다녀 오세요.
Sure. Go ahead.
슈어 고 어헤드

지금 막 모아나루아 가든에 도착했습니다.
We have now arrived at Moanalua Gardens.
위 해브 나우 어라이브드 앳 모아날루아 가든즈

관광명소
에서

여기로 몇 시까지 돌아와야 하나요?
What time should I be back here?
왓 타임 슈다이 비 백 히어?

20분 뒤에 버스가 출발합니다. 10시 30분까지 오시면 됩니다.
The bus will be leaving in 20 minutes.
더 버스 윌 비 리빙 인 트웬티 미니츠
Please be back by 10:30.
플리즈 비 백 바이 텐 떨티

인기 레스토랑도 투어를 신청하면 줄을 서지 않아도 된다.

점심
식사

음료는 제공되지 않습니다.
개별적으로 음료를 구입하면 됩니다.
Drinks are not included.
드링크스 알 낫 인클루디드
Please pay for your own beverages.
플리즈 페이 포어 유어 오운 베버리지즈

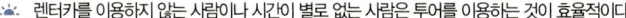

🌴 렌터카를 이용하지 않는 사람이나 시간이 별로 없는 사람은 투어를 이용하는 것이 효율적이다.

PLAY | 35

현지 투어 이용법 How to use Optional Tour

샌드·바 투어부터 돌핀스윔 투어까지
현지 투어에 참가해 보자!

현지 투어는 단시간에 효율적으로 관광지를 돌 수 있고, 목적지까지의 이동이 편리하다는 점 등 여러 장점이 있다. 하와이에는 여러 가지 인기 투어가 있으므로 일정 중에 시간을 할애해 알아보는 것도 좋다.

▶ 백사장의 모래톱, 샌드·바는 투어에 참여해야만 갈 수 있는 지역이다.

샌드·바 투어

여행사 보트를 타고 샌드·바로 향한다.

샌드·바는 썰물 때 카네오헤 만에 나타나는 산호로 이루어진 백사장으로 전용 투어에 참여해야만 방문이 가능하다. 스노클링을 꼭 즐겨 보길 바란다.

오아후섬 일주

TV에 방영되어 친숙한 몽키 포드가 있는 모아나루아 가든즈 파크

노스쇼어나 모아나루아 가든즈 파크 등 오아후 섬의 명소를 둘러보는 투어. 반나절 코스나 하루 코스 등 여러 가지 플랜이 있다.

현지 투어 예약 방법

1. 한국 여행사를 통해 예약한다.
여행사 대리점에서 하와이 여행을 신청할 때 옵션으로 현지 투어를 함께 신청하는 방법. 요금 내역까지 모두 한국어로 확인할 수 있어 안심할 수 있다.

2. 인터넷으로 예약한다.
현지 투어를 담당하는 회사가 홈페이지를 운영하는 경우 메일을 보내든지 신청 양식에 원하는 시간이나 연락처, 성명 등을 입력해 신청할 수 있다.

3. 현지에 도착한 후 직접 예약한다.
하와이에 도착한 후 현지 여행사에 직접 신청할 수 있다. 호텔에 여행사 데스크가 마련된 곳도 많다. 단, 인기 있는 투어는 조기 예약이 필수다.

빈 일정이 있다면 호텔 여행사 데스크를 찾아가서 상담해 보자.

돌핀스윔 투어

귀여운 돌고래 떼가 바로 옆에서 헤엄친다.

보드로 난바다까지 나가 그곳에서 스노클링을 한다. 때로는 돌고래 떼를 보거나 바다거북이 바로 옆에서 헤엄쳐 가기도 한다. 참가시간에 따라 다르겠지만 선상에서 점심 식사를 제공하는 투어도 있다.

카일루아 투어

쪽빛 바다를 바라볼 수 있는 카일루아 해변

와이키키에서 차로 30분 정도 거리에 위치한 카일루아 타운을 방문하는 투어. 현지에서는 자전거를 렌탈하여 거리를 돌며 쇼핑을 하거나 카일루아 해변에서 느긋하게 있는 등 원하는 대로 시간을 보낼 수 있다.

투어 일정 *예시*

07:30 집합 장소로
현지 투어는 아침에 집합하는 경우가 많으므로 되도록 숙박하는 호텔 근처에 집합 장소가 있는 투어를 선택하는 것이 좋다.

07:40 점호
다른 투어들도 같은 곳을 집합장소로 하는 경우가 많으므로 헷갈리지 않도록 주의하자.
– 차를 타고 이동 –

08:10 현지에 도착
담당자의 지시에 따라 활동을 준비한다. 다른 참가자와도 대화를 나누며 사이좋게 지내면 즐거운 분위기가 만들어진다.

08:30 활동 시작
담당자의 주의사항을 잘 새겨 들은 후 본격적으로 투어를 즐긴다. 하와이의 정취 속에서 특별한 기분을 느껴 보자!

12:00 점심 식사
투어에 따라서는 점심 식사가 제공되는 경우도 있다. 실컷 놀고 나면 배가 고파지므로 맛있는 음식은 금상첨화

13:00 다시 와이키키로
와이키키로 돌아오는 길은 차에서 낮잠을 자두자. 관광 차량이므로 잠이 들어도 내릴 곳을 지나칠 일이 없으니 푹 쉴 수 있다.

인기 투어 *때묻지 않은 하와이를 체험!*

일출과 다이아몬드 헤드
날이 밝기 전 아직 별이 보이는 밤에 다이아몬드 헤드에 올라 정상에서 조용히 뜨는 아침해를 바라본다. 황금색으로 빛나는 장엄한 바다와 와이키키의 거리를 조망하고 8시쯤에 하산한다.

웨일 워칭
전용 선박을 타고 바다로 나가 고래를 본다. 웅대한 바다를 고래가 헤엄치는 모습을 보는 것은 그야말로 감동 그 자체. 단, 자연은 살아 움직이는 것이므로 볼 수 있을지 없을지는 운에 달렸다.

호놀룰루 역사탐방
와이키키에는 하와이 왕조 시대의 역사적 흔적이 남은 명소가 많다. 하와이 왕조를 세운 카메하메하 왕부터 마지막 왕조의 여왕 릴리우오칼라니까지 역사에 대한 해설을 들어가면서 순회한다.

영험한 힐링명소 순회
하와이에는 마나(영력)를 느끼는 힐링 명소가 많이 있어 그런 곳을 한 바퀴 돌아보는 투어도 인기이다. 헤이아우(기도처)가 코스에 들어 있는 경우도 있다.

영어로 된 무료 정보지에 실린 투어는 가이드도 드라이버도 영어만 할 수 있는 경우가 많다.

완벽 시뮬레이션
문화 강좌
CULTURE LESSON

하와이의 전통적인 문화를 배우는 것도 하와이 여행의 묘미 중 하나.
하와이안 퀼트나 화환 만들기, 훌라댄스 교실, 하와이안 주얼리 만들기, 우쿨렐레 교실 등
여러 가지 프로그램이 마련되어 있고, 짧은 것은 1시간 정도로 가능한 코스도 있다.

신청

하와이안 퀼트를 배우고 싶은데요.
I'd like to learn how to (make) a Hawaiian quilt.
아이드 라잌 투 런 하우 투 (메이크) 어 하와이안 퀼트

훌라춤	리본 화환	하와이안 주얼리
hula	a ribbon lei	Hawaiian jewelry
훌라	어 리본 레이	하와이안 주얼리

네, 가능합니다. 여기 서명해 주시겠어요?
Okay. Will you please sign up here?
오케이. 윌 유 플리즈 싸인 업 히어?

죄송합니다, 오늘은 수업이 없습니다
Sorry, we don't have any classes today.
쏘리, 위 돈트 해브 애니 클래쓰즈 투데이

수강료는 얼마죠?
How much does it cost?
하우 머치 더즡 코스트?

○○달러입니다.	무료입니다.
It's $○○.	It's free.
잍츠 ○○달러즈	잍츠 프리

숙박객을 대상으로 무료로 강좌를 여는 호텔도 많고,
쇼핑센터 등지에서도 무료 강습을 열고 있다.

우쿨렐레 교실(ukulele lesson)도 인기다.

신청

재료비가 포함되어 있나요?
Does it include the material cost?
더짙 인클루드 더 머티리얼 코스트?

시간 내에 완성하지 못했다면 하는 방법을 배워두고 집에서 마저 만든다.

네, 포함되어 있습니다.
Yes, it's included.
예스, 잍츠 인클루디드.

아닙니다, 재료비는 추가로 지불하셔야 합니다.
No, you need to pay an additional cost for the materials.
노 유 니드 투 페이 언 어디셔널 코스트 포어 더 머티리얼즈.

수업 시간은 얼마나 걸리나요?
How long is the class?
하우 롱 이즈 더 클래쓰?

1시간 정도 걸립니다.
It's about one hour.
잍츠 바웃 원 아워.

배우기

여기서 어떻게 해야 할지 모르겠어요.
I don't know what to do here.
아이 돈트 노우 왓 투 두 히어.

모르는 것은 손가락으로 가리켜서 물어보자.

한 번 더 보여주시겠어요?
Could you show me one more time?
쿠쥬 쇼우 미 원 모어 타임?

정말 재미있어요.
I'm having such a good time.
아임 해빙 써처 굿 타임.

제게는 약간 어렵네요.
It's a little bit difficult for me.
잍처 리틀 빗 디피컬트 포어 미.

초보자라도 괜찮아요!!

⸰⸰ 훌라댄스도 인기가 있다. 옷을 갈아입을 필요가 없으니 교실이 열린 것을 보게 된다면 편하게 참여해 보자.

PLAY | 39

읽을수록 즐거워지는
여행 STUDY

하와이의 음악·악기

하와이안의 전통과 서양의 음악이 융합

페레와 히아카 등 많은 성스러운 이야기가 남아 있는 하와이. 고대에 그 엄숙함을 나타낼 때 추었던 것이 훌라춤이다. 문자가 없는 하와이안의 역사를 훌라와 메레(노래)가 함께 전해 주고 있다. 악기도 원래는 나무 열매나 표주박으로 만든 타악기 계통의 소박한 것들이었다. 서양인들이 하와이에 들어와 살기 시작하며 서양 음악의 요소가 어우러져 지금의 하와이안 음악이 탄생했다.

편안한 기타의 음색이나 우쿨렐레의 경쾌한 리듬. 남성 싱어의 팔세토 등이 어우러지며 하와이의 아름다운 정경을 떠올리게 하여 듣는 이들의 마음을 힐링해 준다. 가장 유명한 곡 중 하나인 [알로하 오에]는 하와이 왕국 8대 여왕 릴리우오칼라니에 의해 만들어진 노래다.

우쿨렐레의 매력에 풍덩

튀어오르는 벼룩처럼 경쾌한 음색이 매력

기타를 축소한 것 같은 모양의 우쿨렐레. 그 기원은 1897년 경 하와이에 들어온 포르투갈의 브라기니아라는 설이 있다. 이름의 뜻은 하와이어로 '튀어오르는 벼룩'이라는 의미로 사이즈는 작아도 소프라노, 콘체르토, 테너, 바리톤까지 폭넓은 음역의 연주가 가능하다. 경쾌한 음색이 매력적으로 하와이 음악에는 빠질 수 없는 악기다.

[알로하 오에] 가사

Aloha'Oe
Ha'aheo ka ua i na pali
Ke nihi a'ela i ka nahela
E hahai ana paha i ka liko
Pua 'ahihi lehua o uka
Aloha 'oe, aloha 'oe
E ke onaona noho i ka lipo
A fond embrace a ho'I a'e au
Until we meet again.

산마루에 길게 뻗어 있는 비구름의 아름다움이여
나무들 사이로 미끄러져 가는 것 같네
아마도 새가 찾을 수 있을 것 같네
골짜기에는 이윽고 아히히 레파의
꽃봉오리가 피어나리라
알로하 오에, 알로하 오에
사랑의 동산에 사는 매혹의 사람
헤어지기 전에 포옹했던 사람이여,
또 우리들이 만날 날까지

이야기 팝송 여행(1995년, 삼호출판사, 변정인)

훌라를 탐닉하다

음악과 훌라는 하와이에 없어서는 안 되는 문화

하와이의 음악은 훌라와 불가분의 관계이다. 와이키키만 해도 쇼핑센터나 레스토랑, 바, 호텔 등지에서 하와이안 음악과 훌라 공연이 수도 없이 반복해서 펼쳐진다. 훌라에는 엔터테인먼트 성격이 강한 현대의 훌라 아우아나(auana)와 전통적인 스타일을 계승하는 카히코(kahiko) 두 가지가 있어 비교해 보는 것도 하나의 즐거움이다.

무료 문화 강좌를 들어 보자

호텔이나 쇼핑센터에서 무료 문화 강좌를 운영하고 있는 경우도 많다. 훌라나 우쿨렐레 프로그램도 준비되어 있으니 체험해 보면 어떨까? 영어로 수업을 진행하는 경우가 많지만 초보자 대상이므로 무리 없이 들을 수 있다.

훌라 음악은 하와이어 가사 뿐이지만 하와이안 음악은 영어로 부르는 뮤지션도 있다.

완벽 시뮬레이션
골프 GOLF

하와이 주에는 세계적인 톱클래스의 골프 코스가 많다. 적당히 마른 공기는 스포츠를 하기에 최적의 환경으로, 하와이의 아름다운 자연 속에서 즐기는 플레이는 그야말로 기분 만점이다. 초보자 대상으로 레슨을 운영하는 회사도 있어 골프를 처음 배우기에도 하와이는 최적의 장소다.

예약

내일 골프 예약을 하고 싶은데요.
I'd like to book a tee time tomorrow.
아이드 라익 투   부커   티타임   투모로우

인기 골프 코스는
P.45

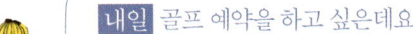

모레	다음주	다음주 월요일
the day after tomorrow	next week	next Monday
더 데이 애프터 투모로우	넥스트 위크	넥스트 먼데이

티오프 타임이 언제 가능한가요?
What times are available?
왓   타임즈 알   어베일러블?

오전 9시와 11시30분에 가능합니다.
9 o'clock and 11:30 are available.
나인 어클락 앤드 일레븐 떨티 알 어베일러블

9시로 예약해 주세요. 일반인을 위한 그린피는 얼마인가요?
I'll take 9 o'clock. How much is the green fee for visitors?
아일 테이크 나인 어클락   하우   머치 이즈 더   그린피 포어   비지터즈?

1인당 라운드 비용은 세금 포함해서 110달러입니다.
It's $110 per person per round including tax.
잍츠 원 헌드레드 텐 달러즈 퍼 퍼슨   퍼   라운드   인클루딩 택스

제가 차가 없는데요. 골프장까지 어떻게 가야 해요?
We don't have a car. How can we get there?
위 돈트   해버 카   하우 캔 위 겟 데얼?

예약

○○ 호텔에서 골프장까지 무료 셔틀버스가 운행 중입니다.
You can take our complimentary shuttle bus from the OO Hotel.
유 캔 테이크 아워 캄플리멘트리 셔틀 버스 프럼 더 ○○ 호텔

택시를 이용할 수 있습니다.
You need to take a taxi.
유 니드 투 테이커 택시

드라이빙 레인지와 퍼팅 그린이 있나요?
Do you have a driving range and a putting green?
두 유 해버 드라이빙 레인지 앤더 퍼팅 그린?

드라이빙 레인지는 없고, 퍼팅 그린만 있습니다.
We have a putting green but not a driving range.
위 해버 퍼팅 그린 벗 낫 어 드라이빙 레인지

골프화와 골프클럽을 빌리고 싶은데요.
I'd like to rent shoes and clubs.
아이드 라익 투 렌트 슈즈 앤드 클럽스

프로샵에서 렌트하실 수 있습니다.
You can rent your equipment at our Pro Shop.
유 캔 렌트 유어 이큅먼트 앳 아워 프로 샵

플레이

티오프가 전반 9홀인가요 아니면 후반 9홀인가요?
Do I tee off on the front nine or the back nine?
두 아이 티오프 온 더 프런트 나인 오어 더 백 나인?

전반 9홀부터 티오프입니다. 1번 홀부터 시작하시면 됩니다.
Today you will tee off from
투데이 유 윌 티오프 프럼
the front nine holes. Start at hole #1.
더 프런트 나인 홀즈 스타트 앳 홀 넘버 원

1~9번 홀을 프런트 나인, 10~18번 홀을 백 나인이라고 한다.

티오프 해도 될까요?
Can I tee off?
캔 아이 티오프?

네, 하시면 됩니다.
Yes, you can.
예스 유 캔

명문 코스에서 경기할 수 있는 옵션 투어도 있다.

PLAY | 43

골프장에서 사용하는 문장

카트가 어디에 있나요?
Where can I get a cart?
웨어 캐나이 게더 카트?

굿 샷! (잘 치셨어요.)
Good shot!
굿 샷!

맞바람이 부는데요.
It's a headwind.
잍쳐 헤드윈드

잘하셨어요.
You are good on.
유 아 굿 온

다음 차례예요.
You are the next.
유 아 더 넥스트

코스가 정말 멋지네요!
What a beautiful course!
와더 뷰티풀 코스!

먼저 갈게요.
I'll go ahead.
아일 고 어헤드

스코어가 어떻게 돼요?
What score did you make?
왓 스코어 디쥬 메이크?

스코어가 좋게 나왔어요!
I got a great score!
아이 가더 그레잍 스코어!

티오프 해도 될까요?
Can I tee off?

하와이의 하늘 위로 공을 날려 보자!
하와이 인기 골프 코스

한국과 달리 합리적인 가격으로 누구나 부담 없이 편하게 골프를 즐길 수 있는 하와이의 골프장. 온도가 올라가는 오후에는 플레이 요금도 더 저렴해지므로 그 시간대를 노려 보는 것도 좋다.

코올리나 골프 클럽
Ko Olina Golf Club
자연 지형을 그대로 활용한 바다 풍광이 멋지다. 상쾌함이 넘쳐나는 코스, 상점도 충분히 갖춰져 있다.
☎ 808-676-5230 | kr.koolinagolf.com

하와이 프린스 골프 클럽
Hawaii Prince Golf Club

에바 평원에 위치. 연못과 벙커의 배치가 절묘하다. 아놀드 파머가 설계했다.
☎ 808-944-4567
www.hawaiiprincegolf.com

터틀 베이 리조트 골프 클럽
Turtle Bay Resort Golf Club

바다를 접한 정글 속 페어웨이도 있다. 아놀드 파머가 설계에 참여했다.
☎ 808-293-8574
www.turtlebayresort.com/Hawaii-Golf

카폴레이 골프 클럽
Kapolei Golf Club
초보자를 대상으로 한 레슨이 있어 골프가 처음인 사람이 이용하기 편하다. 클럽하우스의 식사가 알차다.
☎ 808-674-2227 | www.kapoleigolf.com

하와이 카이 리조트 골프 클럽
Hawaii Kai Resort Golf Club

평탄한 페어웨이와 탁 트인 너른 초원은 골프 입문에 최적의 장소이다.
☎ 808-395-2358
hawaiikaigolf.com

펄 컨트리 클럽
Pearl Country Club

진주만이 내려다 보이는 절경이 매력이다. 토너먼트가 개최되는 곳이다.
☎ 080-487-3802
pearlcc.com

하와이에서는 중간에 쉬는 시간 없이 18홀을 한번에 도는 것이 일반적이다. 5홀만 플레이하는 플랜도 있다.

완벽 시뮬레이션
테마파크

THEME PARK

하와이의 테마파크라고 하면 대자연 속에서 즐길 수 있는 쿠알로아 랜치나 파인애플 가든 미로가 있는 돌 파인애플 플랜테이션, 전통무용을 볼 수 있는 폴리네시안 문화센터 등이 인기다.

티켓 구입

입장료가 얼마예요?
How much is a ticket?
하우 머치 이즈 어 티켓?

일반 입장료는 O달러입니다.
The general admission is $O.
더 제너럴 어드미션 이즈 O달러즈

돌고래쇼 티켓도 살 수 있나요?
I understand you also have tickets for
아이 언더스탠드 유 얼소 해브 티켓츠 포어
the Dolphin Encounter.
더 돌핀 인카운터

O달러입니다.
They are $O.
데이 아 O달러즈

죄송합니다, 오늘은 모두 매진됐습니다.
I'm sorry, they are fully booked today.
아임 쏘리, 데이 아 풀리 북트 투데이

예약을 미리 하셔야 합니다.
You must make a reservation in advance.
유 머스트 메이커 레저베이션 인 어드밴스

활동 참가

저도 참가할 수 있나요?
Can I join the game?
캐나이 조인 더 게임?

물론이죠! 이리 오세요!
Sure! Come on in!
슈에! 컴 온 앤!

쇼 관람

폴리네시안 디너쇼를 어디에서 볼 수 있는지 아세요?
Could you tell me how to get to the Polynesian Dinner Show?
쿠쥬 텔 미 하우 투 겟 투 더 폴리네시안 디너 쇼?

기념품가게	식당	하와이 전시관
gift shop	**restaurant**	**Hawaiian section**
기프트 샵	레스토랑	하와이안 섹션

여기서 쭉 직진하다 보면 바로 왼쪽에 보일 거예요.
Go straight here and you'll see it on your left.
고 스트레이트 히어 앤드 유일 시 이돈 유어 레프트

공연 중에 사진 찍어도 되나요?
Can I take pictures during the show?
캐나이 테이크 픽쳐즈 듀링 더 쇼?

네, 사진 촬영은 가능하지만, 플래시는 사용할 수 없습니다.
Yes, you can take pictures, but no flash, please.
예스 유 캔 테이크 픽쳐즈 벗 노 플래시, 플리즈

다음 쇼는 언제 시작해요?
What time does the next show start?
왓 타임 더즈 더 넥스트 쇼 스타트?

오후 3시에 시작합니다.
It starts at 3:00 p.m.
잍 스타츠 앹 뜨리 피엠

하와이의 고대부터 현재까지의 역사를
훌라나 노래로 보여주는 쇼는
꼭 관람하길 추천한다.

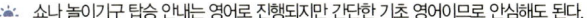

쇼나 놀이기구 탑승 안내는 영어로 진행되지만 간단한 기초 영어이므로 안심해도 된다.

PLAY | 47

완벽 시뮬레이션
박물관 & 미술관 MUSEUMS AND ART MUSEUMS

학술적, 예술적인 가치가 있는 전시를 볼 수 있는 박물관과 미술관.
하와이에서 가장 유명한 미술관은 호놀룰루 미술관으로 하와이 최대 규모를 자랑하며 세계적인
명화를 볼 수 있다. 박물관으로는 폴리네시아의 역사나 문화를 자세히 볼수 있는
바니즈 파우아히 비숍 박물관이 유명하다.

입장

성인 두 명이요.
Two adults, please.
투   어덜츠   플리즈

학생 할인이 있나요?
Are there any discounts for students?
아 데얼 애니 디스카운츠 포어 스튜던츠?

관광객	단체관람객	경로우대
tourists	**groups**	**senior citizens**
투어리스츠	그룹스	씨니어 씨티즌즈

한국어가 가능한 가이드 동행 투어가 있나요?
Do you have a tour with a Korean-speaking guide?
두 유   해버 투어 위더   코리언   스피킹   가이드?

네, 매일 오후 2시에 시작합니다.
Yes, it starts at 2:00 p.m. every day.
예스, 잇 스타츠 앹 투 피엠   에브리데이

무료 안내책자가 있나요?
Do you have a free brochure?
두 유   해버   프리 브로우슈어?

한국어 안내책자가 있나요?
Do you have the brochure in Korean?
두 유 해브 더   브로우슈어 인   코리언?

관람

OOO 갤러리가 어디에 있나요?
Where is the OOO gallery?
웨어리즈 더 OOO 갤러리?

여기서 사진 찍어도 되나요?
Is it okay to take pictures here?
이짙 오케이 투 테이크 픽쳐즈 히어?

여기서 비디오 찍어도 되나요?
Can I take a video?
캐나이 테이커 비디오?

네, 가능합니다.
Yes, you can.
예스 유 캔

안 됩니다, 사진과 비디오 모두 촬영할 수 없습니다.
No, you can't take any pictures nor videos.
노 유 캔트 테이크 애니 픽쳐즈 노어 비디오즈

네, 하지만 플래시는 사용할 수 없습니다.
Yes, it's okay but please don't use flash.
예스 잍츠 오케이 벗 플리즈 돈트 유즈 플래시

사진은 가능하지만, 비디오는 촬영할 수 없습니다.
You can take pictures but no videos, please.
유 캔 테이크 픽쳐즈 벗 노 비디오즈 플리즈

오늘 몇 시에 닫아요?
What time do you close today?
왓 타임 두 유 클로즈 투데이?

박물관 기념품 가게는 언제까지 여나요?
How late is the museum shop open?
하우 레이트 이즈 더 뮤지엄 샵 오픈?

마지막 입장 시간이 언제인가요?
What time is the last admission?
왓 타임 이즈 더 라스트 어드미션?

영어나 한국어로 관내 투어를 운영하는 시설도 있으므로 참가하는 것도 좋다.

PLAY | 49

읽을수록 즐거워지는
여행 STUDY

카메하메하 대왕

Profile
생년: 1758년(여러 설이 있음)
출생지: 하와이 섬, 노스코할라의 코코이키
하와이 왕조 재위기간: 1810년~1819년
사망: 1819년(5월 8일)

오른손

높이 들어 올린 오른손은 로마 제국 아우구스투스 황제의 동상을 흉내낸 것이라는 설도 있지만 동시에 알로하의 혼을 표현하고 있다고도 말한다. 카메하메하 대왕상은 캡틴 쿡의 하와이 도래 100주년을 기념하는 목적으로 1878년에 제작이 결정되어 1882년에 설치됐다.

동상

현재 오아후 섬의 알리이올라니 할레(하와이 주 대법원청사) 앞에 서 있는 동상은 사실 두 번째로 만들어진 것이다. 첫 번째 동상은 운반 도중 배가 난파당해 유실되어 서둘러서 두 번째 동상을 만들었다. 그런데 그 후 첫 번째 동상이 발견되어 카메하메하 1세의 출생지에서 가까운 하와이 섬 노스코할라의 캐빠아우에 설치됐다. 그 밖에 하와이 섬의 영웅, 마우이 섬의 그랜드 와일레아 리조트 안과 미국 본토에도 설치되어 있다.
※ 하와이에 3개, 미국 본토에 1개가 있다.

카메하메하 1세의 묘지는 어디에?

카메하메하 1세는 60세를 조금 넘긴 나이로 하와이 섬의 카일루아에서 생을 마감했다. 유골은 측근의 손에 의해 코할라 코스트의 비밀 장소에 매장되었다. 위대한 왕의 유골에는 거대한 마나(영력)가 깃들어 있기 때문에 누구에게도 도둑맞지 않도록 하기 위한 것이라고 하는 설도 있다.

서양의 전략으로 하와이를 통일한 왕국의 시조

1778년 경. 영국의 탐험가 캡틴 쿡이 유럽인 최초로 하와이에 온다.
하와이 섬의 수장 가문에서 태어난 카메하메하는 그의 숙부인 카니오푸우 왕과 함께 쿡의 범선을 방문하면서 세계의 정세와 서양의 강력한 무기 등에 큰 흥미를 가졌다고 한다.
1782년에 숙부였던 왕이 붕어하자 그 장남인 케오우아와의 경쟁에서 승리한 카메하메하가 하와이 섬의 왕좌를 탈취한다. 1790년에 두 사람의 미국인을 군사고문으로 맞이해 대포 등 많은 서양 무기를 갖추어 다른 섬에도 확실하게 세력을 넓혀나간다. 1795년 하와이 왕국의 건국을 선언하고 초대왕 카메하메하 1세가 되었고 드디어 1810년에 사상 최초로 하와이 모든 섬의 통일을 이루었다.

얼굴

카메하메하 1세의 용모에 대한 기록은 거의 없어 실제 본인의 얼굴은 아니다. 제작 당시 러시아의 화가가 그린 만년의 초상화 사본이나 궁정에서 섬기던 미남형의 하와이 남성 사진 등도 보내져 왔으나 조각가 토마스 굴드는 그것들을 모두 무시하고 유럽인 같은 이목구비로 만들었다.

카메하메하 1세의 초상화. 동상과 어디가 다를까?

마히올레 (헬멧)

하와이의 진귀한 새의 깃털로 만들어진 아름다운 마히올레(모자라는 뜻)는 왕족의 권위를 과시하기 위해 만들어진 정장의 일부이다. 카메하메하 1세가 실제 사용한 마히올레는 현재 비숍 박물관에 소장되어 있다.

카에이(허리띠)

15세기에 하와이 섬의 수장이었던 리로아를 위해 만들어진 '리로아의 성스러운 카에이'를 몸에 두른 모습. 카에이(허리띠)도 마히올레(모자)와 마찬가지로 하와이의 진귀하고 색상이 화려한 새의 깃털로 만들어졌다. 이것도 실물은 비숍 박물관에 있다.

창

마히올레(모자)나 아후울라(망또)를 몸에 걸치고 창을 든 사진도 자료로 보냈지만 로마 제국 초대황제 아우구스투스의 동상을 흉내내어 만들어져 카메하메하 1세가 오른손잡이였음에도 불구하고 왼손에 창을 들고 있는 동상이 만들어졌다고 한다.

아후울라(망토)

지금은 멸종된 '마모'라는 새의 황금 깃털을 약 45만 개나 사용하여 만든 카메하메하 1세의 아후울라는 조각상에서노 압노석인 존재감을 나타낸다. 실물은 비숍 박물관에서도 가장 중요한 전시품 중 하나로 인기를 모으고 있다.

이 동상은 6월 11일 카메하메하 데이 등 경축일에 많은 화환으로 꾸며진다.

완벽 시뮬레이션
야간 볼거리 NIGHT EVENT

저녁이 되면 호텔과 극장 곳곳에서 각종 이벤트가 열린다.
훌라 쇼와 미국 본토에서 들어온 최신 공연 및 콘서트, 하와이 전통 공연인 루아우 쇼까지
무료로 부담 없이 볼 수 있는 공연도 있고 사전에 유료 예약이 필요한 경우도 있다.

❖ 콘서트 ❖

콘서트 예약

오늘 저녁에는 누가 공연하나요?
Who's performing this evening?
후즈   퍼포밍   디스   이브닝 ?

하모니와 우쿨렐레 연주로 유명한 그룹

호오케나 입니다.
Ho' okena is
호   오케나 이즈

공연은 몇 시에 시작해요?
What time does the show start?
왓   타임 더즈   더   쇼   스타트?

저녁 8시와 10시입니다.
8:00 p.m. and 10:00 p.m.
에잇 피엠   앤드 텐 피엠

8시 공연으로 예약하고 싶은데요.
I'd like to make a reservation for the 8:00 p.m. show.
아이드 라이크 투 메이커 레저베이션   포 더 에잇 피엠 쇼

무대와 가까운 자리로 예약할 수 있나요?
Can we have a table near the stage?
캔   위   해버   테이블 니어 더 스테이지?

| 가운데로
in the middle
인 더 미들 | 앞쪽으로
in the front
인 더 프론트 | 뒤쪽으로
in the back
인 더 백 |

콘서트 예약

네, 가능합니다. 몇 분 예약하십니까?
Sure. For how many people?
슈어. 포 하우 매니 피플?

2명 예약해 주세요.
For two, please.
포 투, 플리즈

얼마죠?
How much will it be?
하우 머치 윌 잇 비?

1인당 기본요금은 O달러이고, 1잔의 음료를 주문하실 수 있습니다.
It'll be $O per person for the cover charge and you have to
잇윌 비 O달러스 퍼 퍼슨 포 더 커버 차지 앤드 유 해브 투
order at least one drink.
오더 앳 리스트 원 드링크

복장 제한이 있나요?
Do you have a dress code?
두 유 해버 드레스 코드?

캐주얼 복장으로 오시면 됩니다.
It's smart casual.
잇츠 스마트 캐주얼

단, 맨발이거나 반바지 차림은 입장할 수 없습니다.
No bare feet or short pants allowed.
노 베어 피트 오어 쇼트 팬츠 얼라우드

쇼

쇼 예약

오늘 저녁 열리는 공연을 보고 싶은데요.
I'd like to see tonight's show.
아이드 라잌 투 시 투나잇츠 쇼

다양한 공연은
P.54

지정석과 일반석 예약이 가능합니다.
어떤 좌석으로 예약하시겠습니까?
We have reserved seats and unreserved seats.
위 해브 리저브드 시츠 앤드 언리저브드 시츠
Which would you prefer?
위치 우쥬 프리퍼?

지정석으로 예약해주세요.
I'd like reserved seats, please.
아이드 라잌 리저브드 시츠 플리즈

음료 포함(with drink), 디너 포함(with dinner) 등 다양한 티켓이 있다.

공연을
보고 싶어요.
I'd like to see the show.

 진짜 재미는 이제부터!
야간 이벤트 & 야경 명소

해변과 거리에서 마음껏 놀고 난 뒤엔 로맨틱한 밤을 즐겨 보자. 멋진 야경과 함께 루아우, 훌라 쇼 등 하와이만의 매력적인 밤을 연출하는 프로그램들이 가득하다.

공연
Entertainment
엔터테인먼트

루아우 (하와이식 파티)
Luau
루아우란 하와이어로 연회라는 뜻이다. 하와이 전통요리를 먹으며 폴리네시아 댄스를 감상하는 쇼가 특히 인기 있다.

훌라춤 공연
Hula Show
밴드 연주와 함께 진행되는 우아한 훌라 쇼는 호텔, 레스토랑, 바, 라이브 하우스 등에서 볼 수 있다.

야간 이벤트 제대로 준비하기

❶ 예약하기
사전 예약이 필요한 이벤트가 많다. 보고 싶은 공연이 있다면 일찌감치 예약해 두자.

❷ 투어 이용
탄탈루스 언덕 등 야경 명소에 갈 땐 안전을 위해 투어를 이용하는 것이 좋다.

❸ 의상 주의
밤에는 기온이 뚝 떨어질 때도 있기 때문에 카디건이나 숄을 지참하면 좋다.

유명한 화제작

Tribute Show

와이키키 극장에서는 미국 본토에서 들여온 최신 쇼도 볼 수 있다. 화제작을 체크해 갈 것.

불꽃놀이

Fireworks

힐튼 하와이안 빌리지 와이키키 비치 리조트에서는 매주 금요일마다 화려한 불꽃 축제가 열린다.

야경
Night View
나이트 뷰

헬기 투어

Helicopter

헬리콥터를 타고 와이키키의 아름다운 야경을 내려다볼 수 있다. 하늘 아래 펼쳐지는 광활한 전경이 장관을 이룬다.

야간 크루즈

Night Cruise

와이키키의 야경을 바다 위에서 감상할 수 있다. 일부 코스는 호화 디너와 폴리네시안 쇼도 포함되어 있으므로 일석 삼조!

탄틸루스 전망대

Tantalus

호놀룰루 북쪽 지역에 위치한 언덕으로 정상에 있는 전망대를 통해 번화가 및 아름다운 와이키키 야경을 한눈에 바라볼 수 있다.

마실이의 advice

하와이의 전통적인 주얼리숍은 지금도 하와이어 알파벳만 사용한다.
하와이어 알파벳은 A, E, I, O, U(아, 에, 이, 오, 우) 모음 5글자와 H, K, L, M, N, P, W(헤, 케, 라, 무, 누, 비, 베) 자음 7글자를 합쳐 총 12글자다.

흔히 듣는 하와이어

	영어	하와이어
환영합니다.	Welcome. 웰컴	E komo mai. 에 코모 마이
안녕하세요.	Hello. 헬로	Aloha. 알로하
감사합니다.	Thank you. 땡큐	Maharo. 마하로
즐거운 크리스마스 보내세요.	Merry Christmas. 메리 크리스마스	Mele kalikimaka. 멜레 칼리키마카
새해 복 많이 받으세요.	Happy New Year. 해피 뉴 이어	Hauoli makahiki hou. 하우올리 마카히키 호
생일 축하합니다.	Happy Birthday. 해피 버쓰데이	Hauoli La hanau. 하우올리 라 하나우
가족	family 패밀리	Ohana 오하나

영포자 **여행 영어** for Hawaii

SHOPPING

P. 60 쇼핑센터
P. 64 패션부티끄
P. 68 명품숍
P. 70 면세점
P. 74 하와이안 주얼리
P. 78 하와이 기념품
P. 82 수영복 & 해변 소품
P. 86 슈퍼마켓
P. 90 직거래 장터

기본 문장 BASIC PHRASES

다양한 쇼핑 장소에서 두루 사용할 수 있는 편리한 표현들을 소개한다.
상점의 스태프와 원활한 의사소통을 한다면 쇼핑의 만족도는 배가될 것이다.

상점에 들어갈 때

티셔츠를 보고 싶은데요.
I'm looking for T-shirts.
아임 루킹 포어 티셔츠

잠깐 둘러볼게요.
I'm just looking.
아임 저스트 루킹

피팅에 관련된 문장

이것을 봐도 될까요?
Can I look at this?
캐나이 룩 앹 디스?

입어봐도 될까요?
Can I try it on?
캐나이 트라이 이돈?

구입과 관련된 문장

이걸로 다른 색상 (디자인) 있나요?
Do you have this in a different color (design)?
두 유 해브 디스 이너 디퍼런트 컬러 (디자인)?

이 제품은 어떻게 관리하나요?
How do I take care of this?
하우 두 아이 테이크 케어 어브 디스?

더 작은 (더 큰) 사이즈 있어요?
Do you have anything smaller (larger)?
두 유 해브 애니띵 스몰러 (라저)?

영포자 **여행 영어** for Hawaii

신제품 나왔나요?
Do you have any new products?
두 유   해브 애니   뉴   프로덕츠?

이 물건을 주문해 주시겠어요?
Could you order this item for me?
쿠쥬   오더   디스 아이템 포어 미?

이 매장에서 가장 인기 있는 제품이 뭐예요?
What is the most popular item in your store?
왓 이즈 더   모스트   파퓰러   아이템 인 유어   스토어?

계산과 관련된 문장

선물용으로 포장해 주시겠어요?
Could you wrap it as a gift?
쿠쥬   래핏   애즈 어 기프트?

신용카드로 결제할 수 있어요?
Can I pay with my credit card?
캐나이 페이 위드 마이 크레딧 카드?

작은 봉지 하나 더 주시겠어요?
Can I have another small bag?
캐나이   해버나더   스몰 백?

한국과 미국은 사이즈 표기가 다르다. 길이는 인치로 표시하며 1inch는 약 2.54㎝이다.

완벽 시뮬레이션
쇼핑센터
SHOPPING CENTER

많은 상점, 레스토랑, 카페가 모인 복합시설을 가리킨다. 알라모아나 센터나 와이켈레 프리미엄 아울렛을 시작으로 하와이에는 여러 개의 쇼핑센터가 있다. 규모가 커서 길을 잃을 수 있기 때문에 일행과 만날 장소를 정해 놓고 쇼핑할 것을 추천한다.

안내 데스크

안녕하십니까, ○○ 센터에 오신 것을 환영합니다.
Hello. Welcome to ○○ center.
헬로. 웰컴 투 ○○ 센터.

 한국어로 된 쇼핑센터 안내 지도가 있나요?
Do you have a map of the shopping center in Korean?
두 유 해버 맵 어브 더 샤핑 센터 인 코리언?

쇼핑센터 소개는
P.62

네, 있습니다.
Yes. We have one.
예스 위 해브 원

 ○○○가 어디에 있나요?
Where is the ○○○?
웨어리즈 더 ○○○?

2층, 산 (바다) 방향에 있습니다.
It's on the 2nd floor, on the mountain (ocean) side.
잇츠 온 더 세컨드 플로어, 온 더 마운틴 (오션) 싸이드.

하와이어로는 산 쪽(mauka 마우카), 바다 쪽(makai 마카이)으로 위치를 나타내는 경우가 많다.

은행 위치 문의

 이 곳에 은행이 있나요?
Is there a bank?
이즈 데어러 뱅크?

은행은 없습니다. 무엇이 필요하신가요?
We don't have a bank. What do you need?
위 돈트 해버 뱅크. 왓두유 니드?

은행 위치
문의

돈을 인출하고 싶은데요.
I'd like to withdraw some cash.
아이드 라잌 투 위드로 썸 캐쉬

2층에 ATM(자동입출금) 기계가 있습니다.
We have ATM machines on the 2nd floor.
위 해브 에이티엠 머신즈 온 더 세컨드 플로어

상점 위치
문의

카페가 어디 있나요?
Do you know where the cafe is?
두 유 노우 웨어 더 카페 이즈?

식당	푸드코트	약국	신발 매장
restaurant	food court	drug store	shoe store
레스토랑	푸드코트	드러그 스토어	슈 스토어

아래층에 있습니다.
Sure. It's downstairs.
슈어 잍츠 다운스테어즈

가장 가까운 화장실이 어디 있나요?
Where is the nearest restroom from here?
웨어리즈 더 니어리스트 레스트룸 프럼 히어?

끝까지 직진하다가 오른쪽으로 가세요.
Go straight to the end and turn right.
고 스트레이트 투 디 엔드 앤드 턴 라이트

화장실에 기저귀 교환대가 있나요?
Is there a diaper-changing table?
이즈 데어러 다이어퍼-체인징 테이블?

정확히 잘 모르지만, 아마도 있을 겁니다.
I'm not sure, but there should be.
아임 낫 슈어, 벗 데얼 슈드 비

☀ 알라모아나 센터는 2016년에 에버윙에 개업했지만 수리 중이다.

SHOPPING | 61

기념품 가게가 어디에 있나요?
Where is a gift shop?

캐쥬얼도 브랜드도 모두 이곳에
지역별 대표 쇼핑센터

하와이에서 쇼핑할 땐 먼저 각 지역의 유명 쇼핑센터부터 체크한다.
'헬로우'라고 인사하며 여러 상점을 돌아보자.

와이키키

로얄 하와이안 센터
Royal Hawaiian Center
와이키키 중심지에 있는 랜드마크 급의 쇼핑센터이다. 110개 이상의 상점과 레스토랑이 입점해 있다.
☎ 808-922-2299

알라모아나

알라모아나 센터
Ala Moana Center

약 300개의 다채로운 상점과 백화점이 입점해 있다. 하와이 최대 규모의 연면적을 가진 쇼핑의 메카이다.
☎ 808-955-9517

62 | 영포자 **여행 영어** for Hawaii

와이키키 비치 워크

Waikiki Beach Walk
르워즈 거리를 따라 약 50개의 상점, 레스토랑이 늘어서 있다. 훌라 쇼 등이 펼쳐지는 무대도 있다.
☎ 808-931-3593

와이키키 쇼핑 플라자

Waikiki Shopping Plaza
상점과 레스토랑이 입점되어 있는 복합건물이다. 화장품이나 하와이 특산품도 합리적인 가격으로 구입할 수 있다.
☎ 808-923-1191

푸알레이라니 아트리움 숍스

Pualeilani Atrium Shops
하얏트 리젠시 안에 있다. 특산품부터 럭셔리 브랜드까지 60개 이상의 점포가 갖춰져 있다.
☎ 808-923-1234

워드 빌리지 숍스

Ward Village Shops
생활 잡화가 잘 갖춰져 있어 현지 토박이들에게도 인기. 브랜드나 일용품을 합리적인 가격으로 알차게 쇼핑할 수 있는 할인스토어가 있다.
☎ 808-591-8411

카할라 몰

Kahala Mall
고급주택지인 카할라에 있는 쇼핑몰. 유기농 식품을 취급하는 슈퍼나 품질이 좋은 일용품을 만날 수 있다.
☎ 808-732-7736

와이켈레 프리미엄 아울렛

Waikele Premium Outlet
와이키키에서 차로 30분 떨어진 교외에 있는 아울렛 몰. 2015년 4월에 리뉴얼 했으며, 상점은 40개 이상이다.
☎ 808-676-5656

☀ 아무것도 사지 않아도 상점을 나올 때는 'Thank you(쌩큐)'라고 인사하는 것을 잊지 말자.

완벽 시뮬레이션
패션부티끄

FASHION BOUTIQUE

하와이에 거주하는 디자이너에 의해 만들어진 패션들은 최근 주목 받는 아이템이 되었다. 남국풍의 리조트 웨어는 반드시 체크해 두어야 한다. 그밖에도 세련된 편집숍들이 많으며, 하와이 특유의 티셔츠는 물론 리조트와 도시적인 감각이 믹스된 상점도 주목해 보자.

상점에 들어가서

상점에 들어가면 먼저 'Hello'라고 인사하자.

안녕하세요. 특별히 찾으시는 것이 있나요?
Hi. Can I help you?
하이, 캐나이 헬프 유?

 잠깐 둘러볼게요. 고맙습니다.
I'm just looking. Thank you.
아임 저스트 루킹 땡큐

도움이 필요하면 뭐든지 말씀하세요.
Let me know if you have any questions.
렛 미 노우 이프 유 해브 애니 퀘스천즈

 티셔츠를 보고 싶은데요.
I'm looking for T-shirts.
아임 루킹 포어 티셔츠

 패션아이템 관련 용어는 P.66

이쪽으로 오세요.
Please come this way.
플리즈 컴 디스 웨이

피팅

 이것을 봐도 될까요?
Can I look at this?
캐나이 룩 앳 디스?

64 | 영포자 **여행 영어** for Hawaii

피팅

입어봐도 될까요?
Can I try it on?
캐나이 트라이 이돈?

탈의실은 이쪽에 있습니다.
The fitting rooms are this way.
더　　피팅룸즈　　알 디스 웨이

죄송합니다. 그 제품은 입어보실 수 없습니다.
No. I'm sorry.
노　　아임 쏘리

잘 어울리세요.
It looks good on you.
잍 룩스　굿 온 유

 사이즈가 하나인가요?
Is this one size?
이즈 디스 원　싸이즈?

원 사이즈는 우리 나라에서는 프리사이즈라고 한다. 프리사이즈는 일본의 영향을 받아 만들어진 영어로 현지에서는 통하지 않는다.

 더 작은 사이즈 있어요?
Do you have anything smaller?
두 유　해브　애니띵　스몰러?

 더 큰 사이즈 있어요?
Do you have anything larger?
두 유　해브　애니띵　라저?

 같은 걸로 다른 색상(디자인) 있나요?
Do you have this in a different color(design)?
두 유　해브 디스 인 어　디퍼런트　　컬래(디자인)?

 세탁기로 물빨래 해도 되요?
Is this machine washable?
이즈 디스　머신　워셔블?

 똑같은 걸로 새 제품 있나요?
Do you have one which hasn't been opened?
두 유　해브　원　위치　해즌트　빈　오픈드?

∴ 선물용으로 포장하고 싶은 경우는 'For a gift, please(풔러 깊트, 플리-즈)'라는 한 마디면 된다.

SHOPPING | 65

그걸로 주세요. I'll take it.

현지에서 리조트 웨어를 마련해 보자
다양한 패션 아이템

여러 가지 의류

알로하 셔츠
Aloha shirt
알로하 셔츠

무무 (하와이식 여자 드레스)
muumuu
무무

티셔츠
T-shirt
티셔츠

셔츠
shirt
셔츠

치마
skirt
스커트

여름용 원피스
sun dress
썬 드레쓰

바지
pants
팬츠

청바지
jeans
진즈

롬퍼 (위아래가 붙은 옷)
romper
롬퍼

후드티
hoodie
후디

블라우스
blouse
블라우스

여러 가지 신발

신발
shoes
슈즈

비치 샌들
slippers
슬리퍼즈

Aloha!
May I help you?

샌들
sandals
샌들

부츠
boots
부츠

펌프스(신발)
pumps
펌프스

여러 가지 소품, 액세서리

토트백
tote bag
토트백

클러치백
clutch bag
클러치백

파우치
pouch
파우치

(테 있는) 모자
hat
햇

(앞에 챙이 달린) 모자
cap
캡

브레이슬릿(팔찌)
bracelet
브레이슬릿

귀걸이
earrings
이어링즈

소재에 관한 단어 material

| 면 cotton 코튼 | 실크 silk 실크 | 나일론 nylon 나일론 | 가죽 leather 레더 |
| 폴리에스테르 polyester 폴리에스테르 | 니트 knit 니트 | 캐시미어 cashmere 캐시미어 | |

무늬에 관한 단어 pattern

| 꽃무늬 flowered 플라워드 | 민 무늬 (무늬가 없거나, 한가지 색) solid 솔리드 | 줄무늬의 striped 스트라입트 | 민소매 sleeveless 슬리브리스 |
| 긴 소매 long-sleeved 롱-슬리브드 | 체크무늬의 checked 첵트 | 하와이 전통 무늬 Hawaiian print 하와이안 프린트 | 짧은 소매 short-sleeved 쇼트-슬리브드 |

구입한 물건을 조금씩 나눠 담기 위한 봉투가 필요한 경우, 'An extra bag, please(언 익스트롸 백, 플리-즈)'라고 말한다.

SHOPPING | 67

완벽 시뮬레이션
명품솝
BRAND SHOP

세계적인 럭셔리 브랜드가 모여 있는 하와이는 그야말로 쇼핑의 천국이다.
그 중에서도 코치나 토리버치 등 미국 브랜드는 한국에서보다 저렴하게 구입할 수 있어 반갑다.
한국에 아직 출시되지 않았거나 품절된 아이템을 발견하게 될 수도 있다.

상점에 들어가서

안녕하세요. 특별히 찾으시는 것 있으세요?
Hello. How may I help you?
헬로. 하우 메이 아이 헬프 유?

가방을 보고 싶은데요.
I'm looking for a bag.
아임 루킹 포러 백.

신발	지갑	열쇠고리	(손목)시계
some shoes	a wallet	a key chain	a watch
썸 슈즈	어 월릿	어 키 체인	어 왓치

네, 보여드리겠습니다.
Okay. Let me show you.
오케이. 렛 미 쇼우 유.

둘러보기

저 파란색 가방을 보여주세요.
I'd like to take a look at that blue bag.
아이드 라잌 투 테이커 룩 앹 댓 블루 백.

여기 있습니다.
Here you go.
히어 유 고.

다른 색상도 있나요?
What other colors do you have?
왓 아더 컬러즈 두 유 해브?

둘러보기

검정, 회색, 빨간색이 있습니다.
Black, gray, and red.
블랙, 그레이 앤드 레드

빨간색은 하와이에서만 판매하고 있습니다.
Red is the exclusive color in Hawaii.
레드 이즈 더 익스클루시브 컬러 인 하와이

미국 한정이나 하와이 한정인 디자인이나 색상은 체크해두자.

 사이즈가 하나인가요?
Is it only one size?
이즈 이 돈니 원 싸이즈?

더 작은 사이즈가 있습니다.
We have a smaller size.
위 해버 스몰러 싸이즈

홀딩

 제가 이 물건을 홀딩해도 될까요?
Can you hold this for me?
캔 유 홀드 디스 포어 미?

네, 가능합니다.
Yes, we can.
예스 위 캔

 조금 더 생각해보고 내일 사도 될까요?
Can I sleep on it?
캐나이 슬립 온 잍?

네, 가능합니다. 이름을 남기시겠어요?
Okay. Can I have your name please?
오케이. 캐나이 해브 유어 네임 플리즈?

구입

 그걸로 주세요.
I'll take it, please.
아일 테이킽. 플리즈

지불은 어떻게 하시겠습니까?
How would you like to pay?
하우 우쥬 라이크 투 페이?

신용카드로 결제할게요.
Credit card, please.
크레딧 카드, 플리즈

하와이 명품숍은 한국에 비해 편하게 드나들 수 있는 분위기다. 그러나 수영복이나 샌들로 입장하는 것은 좋지 않다.

SHOPPING | 69

완벽 시뮬레이션
면세점
DUTY FREE

해외에서 온 여행자를 대상으로 세금을 면제해서 판매하는 상점을 가리킨다. 와이키키에는 T갤러리아 하와이 by DFS가 있다. 명품 쇼핑을 즐길 수 있을 뿐만 아니라 초콜릿이나 코나 커피 등 맛있는 선물용 먹거리도 풍부하다. 면세품 구입에는 먼저 여권과 항공권을 제시해야 한다.

상점에 들어가서

안녕하세요! 무엇을 도와드릴까요?
Aloha! How can I help you?
알로하! 하우 캐나이 헬프 유?

안녕하세요!
Aloha!
알로하!

면세점에서 쇼핑할 때는 여권과 귀국편 항공권을 제시해야 한다.

이 _술_ 로 2병 주시겠어요?
Can I have two of this _liquor_ please?
캐나이 해브 투 어브 디스 리쿼 플리즈?

담배	향수	(손목)시계	가방
tobacco	**perfume**	**watch**	**bag**
토바코	퍼퓸	왓치	백

면세 코너에서

2병에 O달러입니다.
For 2, it costs $O.
포 투, 잇 코스츠 O달러즈

원화 또는 미화로 지불하시겠습니까?
Would you like to pay in Korean WON or U.S. dollars?
우쥬 라잌 투 페이 인 코리언 원 오어 유에스 달러즈?

70 | 영포자 **여행 영어** for Hawaii

계산

환율이 어떻게 되죠?
What is the exchange rate?
왓 이즈 디 익스체인지 레이트?

1달러당 1,130원입니다.
It's 1,130 Korean WON to the dollar.
잇츠 원 싸우전드 앤드 원 헌드레드 썰티 코리언 원 투 더 달러

면세점에서 현금으로 지불하는 경우 한국돈과 US달러 모두 가능하다.

달러로 지불할게요.
I'll pay in U.S. dallars, please.
아일 페이 인 유에스 달러즈 플리즈

*2017년 5월 기본 원화/달러 환율기준

영수증 여기 있습니다.
This is your receipt.
디스 이즈 유어 리시트

구입하신 물건은 공항에서 받을 수 있습니다.
Please pick up your items at the airport.
플리즈 피컵 유어 아이템즈 앹 디 에어포트

이 영수증을 보여주시면 탑승구에서
물건을 받을 수 있습니다.
Show this receipt, and pick up
쇼우 디스 리시트 앤드 피컵
your items at the boarding gate.
유어 아이템즈 앹 더 보딩게이트

면세품은
귀국 탑승권에 수령한다.

면세 범위 확인   면세 금액에는 범위가 있다. 초과하면 과세가 되므로 주의하자.

하와이 → 한국 귀국 · 면세 범위
술이나 담배의 반입은 21세 이상만 가능하고, 식품도 반입이 불가능한 것이 있으므로 주의하자.
면세 범위를 초과하면 귀국 시에 관세를 납부해야 한다.

술	1병(1ℓ 미만, 400달러 미만)
향수	60㎖
구입금액	합계 600달러(약 70만 원)

※ 술·향수·담배는 1인당 면세금액 600달러와 별개로 구입할 수 있다.

호놀룰루 항공에도 면세점이 있다. 비행기 탑승 전까지의 시간을 즐겨 보자. 면세품은 탑승티켓으로 수령한다.

읽을수록 즐거워지는
여행 STUDY

하와이에서 지켜야 하는 룰

규칙과 매너는 여행의 기본임을 염두에 두자

바쁜 일상에서 벗어나 여유를 즐기는 바캉스! 그러나 지나치게 긴장이 풀려 매너나 규칙을 잊지 않도록 주의해야 한다. 하와이에는 미국의 법률과 더불어 자연이나 경관을 지키기 위한 하와이 주 특유의 규칙이 있으므로 사전에 알아두고 주의해야 한다. 그렇지 않으면 모처럼 저녁식사를

규칙 1 레스토랑에서
레스토랑은 복장에 주의하자

레스토랑 중에 복장이 정해진 곳도 있으므로 예약할 때 확인하자. 특히 리조트 호텔 내의 레스토랑이나 파인 다이닝은 캐미솔이나 샌들을 신고 들어갈 수 없다. 비교적 캐쥬얼한 레스토랑에서도 수영복은 매너에 어긋난다.

규칙 2 상점, 음식점에서
주류에 대한 연령제한에 주의하자

한국과 달리 21세 미만은 주류가 금지되어 있으므로 주의하자. 하와이는 한국보다 주류에 관한 법률이 엄격하고 구입할 때는 신분증(여권 등)을 제시해야 하는 경우가 있다. 또 자정 이후에는 구입할 수 없다.

특히 한국인의 경우 실제 나이보다 어려 보이므로 구입할 때는 여권을 보여줘야 한다.

레스토랑의 냉방이 강할 때가 있으므로 여성은 숄 등을 가져가도 좋다. 남성은 소매가 있는 셔츠와 치노팬츠가 있으면 더 좋다. 또 샌들 외의 신발을 착용한다.

규칙 3 어디에서든지
흡연 장소를 지키자

하와이에서는 공공 장소에서 흡연할 수 없다. 호텔 객실이나 레스토랑, 교통수단(기관)은 물론 건물 출입구에서 약 6m 이내도 흡연 금지다. 호텔의 라나이(베란다)에서도 피울 수 없다. 재떨이가 있는 몇몇 장소에서 흡연해야 한다.

즐기러 간 레스토랑에서 입장이 금지되거나 우아한 분위기에서 호텔직원에게 주의를 듣는 경우가 생길 수도 있다. 게다가 경찰에게 발각되어 벌금을 무는 여행자도 있다! 모처럼의 여행이 엉망이 되지 않도록 관광과 관련된 매너나 규칙을 이 페이지에서 확인하자. 그밖에도 잊어서는 안 되는 것이 무단횡단이다. 횡단보도 외의 도로에서 길을 건너는 위반 행위에 대해서는 예상 외로 엄격히 처벌해 걸리면 벌금을 내야 하므로 꼭 기억하자. 매너나 규칙을 잘 지키면서 마음껏 하와이를 즐겨 보자!

규칙 4 호텔에서

수영복을 베란다에서 말리면 안 된다

호텔의 라나이(베란다)의 난간이나 의자에 세탁한 수영복을 말리면 안 된다. 타월이나 의류도 물론이다. 와이키키에서는 경관을 지키기 위해 다른 사람의 눈에 띄는 장소에 빨래를 말리는 것은 금지되어 있다. 빨래를 널어야 하는 경우는 욕실에 마련된 전용 빨랫줄을 이용하자.

규칙 5 바다 또는 해변에서

바다거북을 만지는 것은 엄금

바다거북은 신성한 동물로 여겨지고 있다. 다이빙을 하거나 해변에 있을 때 바다거북을 볼 수도 있지만 만지거나 먹이를 주는 것은 법률로 금지되어 있다. 위반하면 고액의 벌금을 내야 하는 경우도 있다.

규칙 6 해변에서

해변에서 음주는 금지

하와이에서는 해변이나 길거리 등 공공장소에서의 음주가 엄격히 통제되고 있다. 하와이의 개방적인 분위기에 도취되어 해변에서 건배를 하며 술을 마시지 않도록 한다. 만취상태로 공공장소에 가는 것도 금지되어 있다.

바다거북과 만나도 다기기지 말고 조용히 바라만 본다.

12세 이하의 어린이를 혼자 두는 것은 법률 위반이다. 외출한 곳에서 아이 혼자 화장실을 보내면 체포되거나 벌금을 낼 수도 있다.

완벽 시뮬레이션
하와이안 주얼리
HAWAIIAN JEWELRY

영국을 방문 중이던 릴리우오칼라니 여왕이 '호오마나오 오우(영원한 추억)'라고 새겼던 팔찌가 최초의 하와이안 주얼리라고 알려져 있다. 플루메리아, 히비스커스, 호누, 파도, 마일레의 잎 등 하와이를 대표하는 이미지가 새겨진 하와이안 주얼리를 꼭 한번 만나보자.

상점에 들어가서

뱅글(팔찌)을 만들고 싶은데요.
I'd like to make a bangle.
아이드 라잌 투 메이커 뱅글

반지	목걸이	브레이슬릿(팔찌)
ring	necklace	bracelet
링	넥클리스	브레이슬릿

주얼리 P.77

주문

어떤 종류의 디자인을 원하십니까?
What kind of design would you like?
왓 카인드 어브 디자인 우쥬 라이크?

하와이 꽃 모양의 디자인으로 하고 싶어요.
I'm thinking of something with one of those Hawaiian flowers.
아임 씽킹 어브 썸띵 위드 원 어브 도우즈 하와이안 플라워즈

다양한 모티브는 P.76

플루메리아와 마일레가 가장 유명합니다.
Plumeria and maile are very popular.
플루메리아 앤드 마일레 알 베리 파퓰러

저는 마일레 꽃이 너무 좋아요.
I really like this maile one.
아이 리얼리 라이크 디스 마일레 원

18k금과 14k금 중에서 어떤 것으로 하시겠습니까?
Would you like 18 karat gold or 14 karat gold?
우쥬 라이크 에잍틴 캐럿 골드 오어 포틴 캐럿 골드?

14k금으로 할게요.
14, please.
포틴, 플리즈

| 14k금 | 14Karat gold |
| 핑크 골드 | pink gold |

주문

옐로우, 핑크, 화이트, 그린 골드 중에서 선택하실 수 있습니다.
We have yellow, pink, white, and green gold.
위   해브   옐로우,   핑크,   와이트   앤드   그린   골드

핑크 골드로 할게요.
I'll go with pink.
아일 고 위드 핑크

뱅글(팔찌)에 글씨를 새겨 드릴까요?
Would you like letters engraved on the bangle?
우쥬   라이크   레터즈   인그레이브드   온   더   뱅글?

'알로하'라고 새겨 주시겠어요?
Can you engrave 'ALOHA'?
캔   유   인그레이브   '알로하'?

안쪽에도 이름 또는 메시지를 새길 수 있습니다.
You can engrave your name or a message on the inside.
유   캔   인그레이브   유어   네임   오어러   메시지   온   디   인싸이드

안쪽에 제 이름을 새기고 싶어요.
I'd like my name on the inside.
아이드 라이크 마이 네임 온 디 인싸이드

시간이 얼마나 걸릴까요?
How long does it take to engrave?
하우   롱   더즈   테잌   투   인그레이브?

내일 모레에 다시 오시겠습니까?
Can you come back the day after tomorrow?
캔   유   컴   백   더   데이   애프터   투모로우?

좋아요.
Okay.
오케이

문자는 하와이어로 새기는 것이 일반적이지만 하와이어는 12개의 문자로 구성된 알파벳을 사용하므로 미리 참고해 두자.
(→ P. 56)

SHOPPING | 75

볼수록 빠져드는
하와이안 주얼리란?

그걸로 주세요.
I'll take it.

💎 하와이안 주얼리의 역사

유럽이 발상지!?
릴리우오칼라니 여왕이 공주였을 때 영국 방문 도중 영국 전통 골드주얼리를 만났다.

하와이에서 유행
하와이에 돌아온 여왕이 영국과 비슷하게 하와이에서도 주얼리를 제작하게 하자 순식간에 사람들 사이에 퍼졌다.

독자적인 발달
하와이를 대표하는 것들을 모티브로 삼아 독자적인 하와이안 주얼리로 발전해 세계를 매료시키고 있다.

💎 하와이안 주얼리 모티브

플루메리아
plumeria
플루메리아

하와이에서는 신성한 꽃으로 여겨진다. 꽃말은 친애, 기품, 매력. 선물로 제격이다.

호누
honu
호누

호누(바다거북)는 바다의 수호신으로 위험이나 재난으로부터 지켜준다고 전해진다.

갈고리
hook
후크

물고기를 낚아 올린다=행복을 끌어당긴다는 의미로 인기가 높은 아이템

마일레
maile
마일레

평화, 연분을 맺음, 유대 등을 뜻하기 때문에 마일레 잎은 결혼식 화환에도 사용된다.

통(배럴)
barrel
배럴

통 안에 담긴 꿈을 지키고 숙성시키는 이미지. 성공의 상징이다.

파인애플
pineapple
파인애플

태양의 은총을 받은 과일 파인애플은 부와 재물의 상징. 금전운을 기원하는 사람에게 선물하면 좋다고 한다.

♦ 하와이안 주얼리의 종류

목걸이
necklace
넥클리스

펜던트와 체인이 세트인 것이 더욱 경제적이다. 섬세한 디자인으로 목선을 더욱 돋보이게 한다.

펜던트
pendant
펜던트

펜던트만으로도 종류가 많다. 체인과 조합하여 취향대로 맞춤제작을 할 수 있는 것이 매력이다.

뱅글(팔찌)
bangle
뱅글

사이즈를 조정할 수 없으므로 자신의 손목에 맞는지 잘 확인한다. 유니섹스 디자인이 많아 남성에게도 어울린다.

브레이슬릿(팔찌)
bracelet
브레이슬릿

섬세하고 기품 있는 체인은 여성의 손목에 어울린다. 돌이나 조개껍질, 파워스톤을 사용한 디자인도 인기가 많다.

귀걸이
earrings
이어링즈

귓볼에 작은 구멍을 뚫어 착용하는 피어스도 호누나 플루메리아 등 전통적인 모티브를 적용한 것이 많다.

반지
ring
링

여성용, 남성용 모두 다양하게 갖춰져 있다. 페어링도 많이 준비되어 있어 커플링으로도 어울린다.

❖ 펜던트 등 합리적인 아이템부터 구입해 보자.

완벽 시뮬레이션
하와이 기념품 HAWAIIAN ITEMS

하와이의 전통 공예품은 여행 기념품으로 반드시 구입해야 할 것 중 하나다. 다양한 디자인의 알로하 셔츠는 현지에서 입기에 좋고, 희소가치가 높은 코어우드 아이템은 비장의 선물로 제격이다. 다양한 하와이안 퀼트는 하와이다운 느낌의 선물로 좋다.

❀ 알로하 셔츠 ❀

구입

어떤 스타일의 알로하 셔츠를 원하십니까?
What kind of Aloha shirt would you like?
왓 카인드 어브 알로하 셔츠 우쥬 라이크?

빈티지 스타일의 알로하 셔츠를 보고 싶어요.
I want a vintage style Aloha shirt.
아이 원트 어 빈티지 스타일 알로하 셔츠

꽃무늬	바다 무늬	동물 무늬
a floral design	**an ocean design**	**an animal design**
어 플로럴 디자인	언 오션 디자인	언 애니멀 디자인

하와이 전통 무늬를 본 딴 셔츠가 있습니다.
This is a replica of a traditional shirt.
디스 이즈 어 레플리카 어브 어 트래디셔널 셔츠

빈티지셔츠는 고가인 것이 많지만 같은 디자인의 레플리카 셔츠도 있다.

셔츠 소재가 뭔가요?
What kind of material is this?
왓 카인드 어브 머티리얼 이즈 디스?

100% 레이온 입니다.
100 percent rayon.
원 헌드레드 퍼센트 레이온

면	실크
cotton	**silk**
코튼	실크

영포자 **여행 영어** for Hawaii

구입

세탁은 어떻게 하나요?
How do I wash it?
하우 두 아이 워시 잍?

세탁기로 물세탁이 가능합니다. 세탁과 보관이 쉽습니다.
You can wash it in the washing machine.
유 캔 워시 잍 인 더 워싱 머신
It's easy to take care of.
잍츠 이지 투 테이크 케어 어브

다림질을 할 필요가 없습니다.
You don't have to iron it.
유 돈트 해브 투 아이언잍

🌸 코어 나무 기념품 🌸

구입

코어는 하와이 섬이
원산지인 진귀한 나무

탁상시계, 액자, 필기류가 선물로 인기가 많습니다.
The table clocks, photo frames,
더 테이블 클락스 포토 프레임즈
and writing utensils are popular items.
앤드 라이팅 유텐실즈 알 파퓰러 아이템즈

이 액자로 할게요.
I want this photo frame.
아이 원트 디스 포토 프레임

선물용으로 포장해 주세요.
Please wrap it as a gift.
플리즈 래핕 애즈 어 기프트

🌸 하와이언 퀼트 🌸

구입

선물로 하와이 퀼트를 구입하고 싶은데요.
I'm looking for a Hawaiian quilt gift.
아임 루킹 포러 하와이안 퀼트 기프트

쿠션 커버는 어떠세요?
How about a cushion cover?
하우 어바웃 어 쿠션 커버?

하와이 꽃무늬가 유명합니다.
Hawaiian floral designs are popular.
하와이안 플로럴 디자인즈 알 파퓰러

🌿 코어를 사용한 우쿨렐레(ukulele)는 고가지만 많은 뮤지션들이 애용하고 있다.

SHOPPING | 79

읽을수록 즐거워지는 여행 STUDY

하와이의 전설

 카우아이 섬
 오아후 섬

각 섬에 전해지는 전설

①카우아이 섬...메네후네

인간의 반 정도 되는 키에 기골이 장대한 메네후네는 카우아이 섬 숲속 깊은 곳에 사는 전설의 부족으로 좀처럼 사람들 앞에 나타나지 않는다. 손끝이 야무지고 부지런해 하룻밤에 헤이아우(신전)나 양어장을 만든다고 한다. 그 '유적'이 지금도 각지에 남아 있다.

전설이나 신화를 소중히 여기는 하와이 사람들

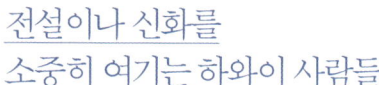

하와이에는 셀 수 없을 정도로 많은 전설이나 신화가 전해 내려오고 있다. 하와이 왕조 제7대 왕인 칼라카우아왕이 왕족 대대로 전해내려오는 '쿠무리포(창세신화)'를 1889년에 공개한 것이나, 훌라춤, 챈트(노래)에 수많은 일화가 담겨 있는 것에서도 알 수 있듯이 하와이 사람들은 전설이나 신화를 진심으로 믿고 매우 소중히 여기고 있다. 'KUMULIPO'라고 새겨진 뱅글을 차고 있는 사람도 있을 정도다.
예를 들어 오아후 섬의 유명한 관광지 쿠알로아는 신화에 의하면 페레(우측 참조)의 여동생인 여신 히이아카가 모오(큰 도마뱀)를 물리친 장소이다. 모오의 꼬리는 모콜리 섬(다른 이름은 챠이나멘즈 햇)으로 몸체는 주변 산이 되었다고 전해진다.
또한 하와이에는 원래 무지개가 없었지만 메네후네가 재료를 가져와 친구인 카후나(신관)가 그것을 휘저어 화살로 만들어 구름에 쏘아올려 만들어졌다고 한다. 이렇게 신화의 에피소드를 알아두면 하와이 아이템을 찾을 때 힌트가 될 것이다.

의 꽃잎을 가진 나우파카란 꽃은 바다에서 피는 것과 산에서 피는 것이 있는데 사실 이것이 페레의 질투로 헤어지게 된 두 사람이 변한 모습입니다. 페레가 화가 나면 킬라우에아 화산이 분화합니다. 그리고 그 용암은 페레의 소유로 용암석을 기념으로 가지고 돌아가려는 자에게는 가차없이 재앙이 내려진다고 전해집니다.

②오아후 섬…와이키키의 마법의 돌

와이키키 해변에 호젓이 놓인 네 개의 돌. 16세기에 타히티에서 건너온 네 명의 카후나(신관)들이 강력한 치유의 능력을 주입한 것들이다. 하와이 사람들은 힐링 명소로 소중하게 여기며 화환(레이) 등을 바친다.

③마우이 섬…반인반신 마우이

여신인 모친과 인간인 부친 사이에서 태어나 할레아칼라 산의 정글에서 살고 있던 반인반신 마우이. 하늘을 받치고(구름을 멀리 보내 비를 적게 내리게 한다) 태양을 잡는(낮의 길이를 길게 한다) 등 수많은 전설을 가진 영웅으로 섬의 이름도 그의 이름을 딴 것이다.

④라나이 섬…신들의 정원

라나이 섬과 모로카이 섬의 카후나가 불을 길게 붙이는 시합을 하여 라나이 섬의 카후나는 식물이란 식물을 다 태워버렸다고 한다. 그곳은 지금 적토로 풍화된 암석들이 신비한 경관을 보여주는 '신들의 정원'이라고 불리는 관광명소가 되었다.

할레마우마우 분화구에 사는 불의 신 페레 이야기

옛날 옛날, 사모아에 불의 신 페레가 살고 있었답니다. 어느 날, 페레는 하늘의 계시를 받아 정착할 땅을 찾아 여행을 떠났습니다. 니이하우·카우아이·오아후 섬을 각각 여행했지만 좀처럼 정착할 땅을 찾지 못해 지친 페레는 오아후 섬 마카푸우 곶의 먼 바다에 있는 큰 돌에 앉아 한숨을 돌리고 있었습니다. (오늘날 이 돌은 '페레의 의자'라고 불리며 바라볼 수 있답니다.) 그 후 페레는 하와이 섬의 킬라우에아 화산에 도착했습니다.

페레는 이곳을 마음에 들어했고 정착할 땅으로 삼았습니다. 물론 지금까지도 이 화산에 살고 있습니다. 페레는 매우 아름다운 여신입니다.

그러나 성격이 거칠고 질투가 심해 지는 것을 아주 싫어합니다. 아름다운 연인들을 보면 질투를 하며 그들의 모습을 바꿔 버립니다. 오히아 나무와 레후아 꽃도 페레가 모습을 바꿔 버린 연인들이랍니다. 반원형

☼ 할레쿨라니 앞 바다는 병을 고쳐준다고 전해내려온다.

완벽 시뮬레이션
수영복 & 해변 소품
SWIMWEAR & BEACH ITEMS

일년 내내 해변에서 물놀이를 할 수 있는 하와이에서는 귀여운 수영복이나 해변 소품들을 어디서든 만날 수 있다. 한국에서 가지고 가지 않아도 대부분의 것들은 현지에서 구입할 수 있다. 특히 수영복의 종류가 다양해서 한국에는 없을 것 같은 색이나 무늬도 볼 수 있다. 해변에서 사용할 돗자리나 썬크림 등도 슈퍼나 잡화점 등에서 바로 구입 가능하다.

수영복

피팅

입어봐도 될까요?
Can I try it on?
캐나이 트라이 이돈?

네. 탈의실로 안내해 드릴게요.
Sure. I'll show you to the fitting room.
슈어 아일 쇼우 유 투 더 피팅룸

상의는 잘 맞는데, 하의가 약간 작아요.
The top fits good on me
더 탑 핏츠 구돈 미
but the bottom seems a little too small.
벗 더 바텀 씸저 리들 투 스몰

상하의를 다른 사이즈로 구입하실 수 있습니다.
You can also buy tops and bottoms in different sizes.
유 캔 얼소 바이 탑스 앤드 바텀즈 인 디퍼런트 싸이지즈

그러면, 하의만 더 큰 사이즈로 다시 입어 볼게요.
I'd like to try a bottom in a bigger size, then.
아이드 라익 투 트라이 어 바텀 이너 비거 싸이즈 덴

여기에 함께 입을 수 있는 **파레오**도 있어요?
Do you have a matching pareo?
두 유 해버 매칭 파레오?

수영복 관련 용어는 P.84

파레오는 허리에 두르는 비치 웨어를 말한다.

티셔츠	탱크 탑	치마
T-shirt	tank top	skirt
티셔츠	탱크 탑	스커트

네, 있습니다.
Yes, of course.
예스 어브 코스

❁ 샌들 ❁

구입

이 샌들은 소재가 뭔가요?
What are these sandals made of?
왓 알 디즈 샌들즈 메이드 어브?

가죽입니다. 그래서 해변에서는 신을 수 없습니다.
They're leather. You can't wear them on the beach.
데이얼 레더. 유 캔트 웨어 뎀 온 더 비치.

지금 바로 이 샌들을 신을게요. 라벨을 떼주세요.
I'd like to wear them now. Please take off the tag.
아이드 라잌 투 웨어 뎀 나우. 플리즈 테이크 오프 더 태그.

❁ 선글라스 ❁

피팅

남녀 공용인가요?
Are they for both men and women?
알 데이 포어 보뜨 멘 앤드 위민?

네, 그렇습니다.
Yes, they are.
예스, 데이 알.

선글라스 테가 약간 느슨한데요. 조절해 주실 수 있나요?
They're a little bit loose. Could you adjust them?
데이얼 어 리들 빗 루우스. 쿠쥬 어드저스트 뎀?

네, 가능합니다. 이쪽으로 오세요.
Sure. Come this way, please.
슈어. 컴 디스 웨이, 플리즈.

케이스에 담아 주시겠어요?
Could you put them in a case?
쿠쥬 풋 뎀 이너 케이스?

네.
Of course.
어브 코스.

해변에서 필요한 소품은 하와이 현지에서 구입해 보자. 일년 내내 신상품이 입점되는 것도 매력이다.

SHOPPING | 83

그려로 주세요.
I'll take it.

하와이 해변의 주인공이 되어 보자
귀여운 해변 소품

한국에는 없는 귀엽고 기능성이 좋은 아이템이 다양한 하와이.
해변 아이템은 현지에서 구하는 것이 최고다.

필수품

수영복
swimwear
스윔웨어

상의와 하의의 사이즈를 다르게 구입할 수도 있다.

선크림
sunscreen
썬스크린

페이스용, 바디용, 스프레이 타입 등 종류가 다양하다.

패션

(테 있는) 모자
hat
햇

해변에서도 거리에서도 세련된 패션의 완성은 모자

리조트 드레스
resort dress
리조트 드레쓰

수영복 위에도 입을 수 있는 스타일의 드레스가 있으면 좋다.

선글라스
sunglasses
썬글래씨즈

장시간 쓰고 있어도 눈이 피로하지 않도록 충분히 써보고 고르자.

플립플랍 / 비치샌들
flip-flops / beach sandals
플립플랍스 / 비치 샌들즈

캐쥬얼부터 럭셔리 브랜드까지 폭 넓게 갖춰져 있다.

가방
bag
백

소지품을 가지고 다닐 때는
에코백이나 비치백을 사용하자.

티셔츠
T-shirt
티셔츠

젊은 사람들에게도 어울리는
디자인이 한가득

편리

썬캡
sun visor
썬 바이저

해변에서 느긋하게 보내고
싶을 때 태양을 피하는 방법

튜브
float
플로트

어린이용부터 어른용의
심플한 튜브까지 종류가 다양하다.

로션
lotion
로션

햇빛과 바닷바람에 상처 입은
피부에는 천연 성분의 순한
로션을 바르자.

머리 끈
hair band
헤어 밴드

바다에 입수할 때는
방수 기능이 있는 것을
추천한다.

돗자리
goza mat
고자 매트

하와이에서는 주로
돗자리가 판매되고 있다.

스노클 도구 : 스노클 / 오리발 / 물안경
snorkel / fins / goggles
스노클 / 핀 / 고글즈

스노클링에 필요한 세 가지도
손쉽게 구입 가능하다.

수건
towel
타월

호텔에서 빌려주는 경우도 많지만
여분으로 챙겨두고 필요할 때 사용하자.

에어매트
air mat
에어 매트

해변에서 낮잠을 자거나 바다에
둥둥 떠다니고 싶을 때 사용하자.

래시가드
rash guard
래시가드

햇빛이나 유해한 것들로부터
피부를 보호해주는 상의

페트병 홀더
pet bottle holder
펫 바틀 홀더

해변에 페트병을 가지고 가게 될 때
수거용으로 쓸 수 있다.

파레오
pareo
파레오

수영복 위에 입고 허리에 두르거나 바닥에
깔기도 하고 자유롭게 용도에 따라 사용한다.

사이즈 조건표

여성복 사이즈

한국	XS	S	M	L	XL	XXL	XXXL
하와이	2	4	6	8	10	12	14

여성 신발 사이즈

한국	220	225	230	235	240	245	250
하와이	5	5.5	6	6.5	7	7.5	8

방수 지갑이 있으면 수영장이나 해변에서 편리하다. 귀중품은 해변에서도 잘 보관하는 것이 기본

완벽 시뮬레이션
슈퍼마켓

SUPERMARKET

일용품이나 델리 등을 판매하는 슈퍼마켓에서 현지에 온 기분을 맛볼 수 있다. 과자나 저렴한 화장품 등의 선물을 고르기에도 안성맞춤. 푸드팬트리 등의 슈퍼마켓이 호텔에서 접근성이 좋아 편하게 쇼핑할 수 있다.

슈퍼에 들어가서

실례합니다.
Excuse me.
익스큐즈 미

하와이 기념품을 살 수 있나요?
Do you have a Hawaiian souvenir section?
두 유   해버   하와이안   수브니어   섹션?

매장 관련 단어는 P.88

문구	아동용품	부엌용품	약
stationery	kids	kitchen	drug
스테이셔너리	키즈	키친	드러그

네, 있습니다. 안쪽 왼편에 있습니다.
Yes, we do. It's on the left side in the back.
예스 위 두. 잍츠 온 더 레프트 싸이드 인 더 백.

계산

봉지에 담아주시겠어요?
Could you put them in a bag, please?
쿠쥬   풋   뎀   이너   백,   플리즈?

봉지값을 따로 지불하셔야 합니다. 봉지에 담아 드릴까요?
You have to pay for it. Is that all right?
유   해브   투   페이   포릳.   이즈   댓   올   라이트?

하와이에서도 비닐백이 유료이니 에코백을 지참하자.

그러면 재활용 봉지를 사용할게요.
Then I'll take this reusable bag.
덴   아일   테이크   디스   리유저블   백.

86 | 영포자 여행 영어 for Hawaii

멤버십카드 있으세요?
Do you have a membership card?
두 유 해버 멤버십 카드?

네, 있어요.
Yes, I do.
예스, 아이 두

여행객이라도 신청 가능한 회원카드가 있다면
할인을 받을 수 있을 지도 모른다!

사용 가능한 쿠폰 있으세요?
Do you have any coupons that you would like to use?
두 유 해브 애니 쿠폰즈 댓 유 우드 라이크 투 유즈?

네, 있어요. 이 쿠폰을 사용할 수 있나요?
Yes. Can I use this coupon?
예스 캐나이 유즈 디스 쿠폰?

🌼 슈퍼마켓 내의 델리 🌼

양을 달아 판매하는 델리 코너가 있는 곳에서는 매장 내에 먹을 수 있는 테이블이 마련되어 있기도 하다.

 주문

이 샐러드 1파운드 주세요.
I'd like to a pound of this salad, please.
아이드 라잌 투 어 파운드 어브 디스 샐러드, 플리즈

여기서 드시고 가세요, 아니면 포장이세요?
For here or to go?
포 히어 오어 투 고?

포장해주세요.   여기서 먹을게요.
To go, please.   **I'll eat it here.**
투 고, 플리즈   아일 이트 잍 히어

여기서 계산하나요?
Can I pay here?
캐나이 페이 히어?

델리는 가볍게 식사를
해결하기에 안성맞춤이다.

네, O달러입니다.
Yes. It's $O.
예스, 잍츠 O달러즈

델리만 이용할 수도 있다.
식사나 주전부리를 하고
싶을 때 가보도록 하자.

계산은 계산대에서 하시면 됩니다.
At a cashier, please.
앹 어 캐쉬어, 플리즈

※ 동네의 이름이 쓰여 있는 해당 점포 리미티드에디션 에코백은 실용적이고 선물로도 제격이다!

그걸로 주세요.
I'll take it.

넓은 매장을 자유롭게
슈퍼마켓 코너

갖고 싶은 물건을 찾지 못해 슈퍼마켓에서 미아가 됐다!?
찾지 못했을 때는 어느 매장에 있는지 물어보자!

하와이 특산물
Hawaiian items
하와이안 아이템즈

물건부터 옷까지 하와이 여행 기념 선물로
제격인 상품들이 갖춰져 있다.

음료
Drinks
드링크스

냉장할 필요 없는 캔이나 병 음료 제품코너가
매우 크다.

여성복
Ladies wear
레이디즈 웨어

캐쥬얼복 중심으로 갖춰져 있다.
홈웨어 등은 현지에서 구입하는 것도 좋다.

과일 & 채소
Fruit and vegetables
프룻 앤드 베지터블즈

먹고 싶은 만큼만 살 수 있어 편리하다.

일용품
Daily use
데일리 유즈

미국스러운 패키지의 상품은 선물로도 적합하다.

조리된 음식
Deli
델리

손쉽게 식사를 즐기고 싶을 때는 델리코너를
이용하자. 테이크아웃도 가능하다.

> 슈퍼에서 구입하는 부담 없는 선물들

팬케이크 믹스
Pancake mix
팬케이크 믹스
인기 있는 하와이 팬케이크를 집에서도 만들 수 있다.

립밤
Lipstick
립스틱
입술이 건조할 때 빼놓을 수 없는 립케어 제품. 향기도 좋다.

머그잔
Mug
머그
미국풍의 식기도 선물로 적합하다.

비누
Soap
솝
남국의 향기가 물씬. 옷장에 넣어두어도 좋다.

원두
Coffee beans
커피 빈즈
마우이 섬이나 모로카이 섬 생산 커피원두도 인기

과자
Cookies
쿠키즈
하와이산이나 유기농 재료를 사용한 쿠키를 추천한다.

에코백
Eco bag
에코 백
해당 슈퍼의 오리지날 로고가 들어간 것을 추천한다.

바디워시
Body wash
바디 워시
유기농 제품이나 코코넛 향 등이 있다.

스키틀즈
Skillles
스키틀즈
개별포장된 과일 맛 캔디

자석
Magnet
매그넛
하와이다운 디자인의 자석도 인기 있다.

하와이 슈퍼마켓은 에어컨을 세게 튼다. 걸칠 옷을 가져가서 천천히 쇼핑하자.

완벽 시뮬레이션
직거래 장터

FARMER'S MARKET

정해진 일시에 광장이나 주차장에서 농장 및 레스토랑, 식품업체 등이 직접 소비자에게 제품을 판매하는 직거래 장터(farmar's market). 하와이에서는 발길 닿는 곳마다 직거래 장터가 열린다. 초콜릿이나 꿀, 플레이트 런치, 잡화 등이 여행자에게 인기가 있다.

시식

저건 무슨 과일이에요?
What kind of fruit is that?
왓 카인드 어브 프룻 이즈 댓?

과일의 일종인 릴리코이입니다.
This is a Lilikoi fruit.
디스 이즈 어 릴리코이 프룻

어떻게 먹어요?
How do I eat it?
하우 두 아이 이트 잇?

잘라서 그냥 드시면 돼요. 새콤달콤하고 맛있어요.
You just cut it and eat.
유 저스트 커딛 앤드 이트
It's sour and sweet and so delicious.
잍츠 싸우워 앤드 스위트 앤드 쏘 딜리셔스

먹어봐도 돼요?
Can I try it?
캐나이 트라이 잍?

시식할 수 없는 곳도 있으니 꼭 확인하자.

그럼요, 여기 있어요.
Sure, here you go.
슈어, 히어 유 고

죄송합니다. 시식할 수 없습니다.
I'm sorry, but you can't
아임 쏘리, 벗 유 캔트

시식

이건 뭐예요?
What are those?
왓 알 도우즈?

관련 단어는
P.92

토마토튀김입니다.
These are deep fried tomatoes.
디즈 알 딥 프라이드 토메이토즈

구입

1인분 주시겠어요?
Can I have one?
캐나이 해브 원?

네. ○○달러입니다.
Sure. $○○ please.
슈어 ○○달러즈 플리즈

이 잼 의 유통기한은 언제까지예요?
How long will this jam last?
하우 롱 윌 디스 잼 래스트?

꿀	커피	병
honey	coffee	jar
허니	커피	자(르)

병 뚜껑을 열지 않은 상태로는 3개월까지 괜찮습니다.
If you don't open the jar, it will last for three months.
이프 유 돈트 오픈 더 재르, 잍 윌 래스트 포어 뜨리 먼쓰

한국에 가져갈 수 있어요?
Can I take it to Korea?
캐나이 테이킽 투 코리아?

가져가실 수는 있지만,
단단히 잘 포장한 뒤에 가방에 넣어야 합니다.
I'm pretty sure you can. But you need to wrap it up
아임 프리티 슈어 유 캔 벗 유 니드 투 래핕 업
very tightly and put it in your suitcase.
베리 타이틀리 엔드 푸딭 인 유어 슈트케이스

잼이나 꿀 등 페이스트 상태의 물건은 기내에 반입할 수 없으니 깨지지 않도록 잘 포장해서 수트케이스에 넣도록 하자.

☀ 봉투가 없는 가게도 많으니 보냉용 에코백 등을 지참하고 쇼핑하자.

SHOPPING

그걸로 주세요.
I'll take it.

신선한 과일과 특산 먹거리를 만끽하자!
직거래 장터 탐방

하와이 천혜의 산물들을 느껴 볼 수 있는 직거래 장터. 유행하는 먹거리를 즐길 수 있는 것도 매력이다. 선물을 마련하기에도 좋다.

장터 먹거리

피자
Pizza
핏자

갓 구운 것을 판매하는 하와이안 정통 피자. 현지의 식재료를 사용한다.

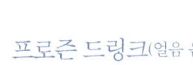

프로즌 드링크(얼음 음료)
Frozen drink
프로우즌 드링크

차가운 음료도 다양하게 갖춰져 있다. 사진은 수박 음료.

케이크
Cake
케이크

파인애플과 코코넛이 들어간 하와이다운 맛의 케이크

갓 구운 옥수수
Fresh roasted corn
프레쉬 로스티드 콘

옥수수를 구운 것. 릴리코이 버터 등 소스맛을 고를 수 있다.

잼
Jam
잼

패션후르츠 등 남국의 맛을 느낄 수 있는 제품이 많다.

말라사다
Malasada
말라싸다

포르투갈에서 전해진 간식. 초콜릿 등이 들어 있다.

수요일
16:00-19:00 알라모아나

해질 무렵 열리므로 간식이나 간편한 식사를 즐길 수 있다.

호놀룰루 파머스 마켓
Honolulu Farmers' Market
닐 블레이스델 센터에서 열린다.
조용하지만 인기 가게들이 속속 생겨나고 있다.

목요일
14:00-18:00 노스쇼어

주요 직거래 장터

현지에서 생산된 채소나 과일을 판매한다.

할레이와 타운 파머스 마켓
Haleiwa Town Farmers' Market
와이메어 계곡의 녹음 속에서 쇼핑을
즐길 수 있다. 로컬푸드가 인기 있다.

목요일
16:00-20:00 와이키키

와이키키 중심부에 있어 이용하기 편리하다.

와이키키 파머스 마켓
Waikiki Farmers' Market
하얏트 리젠시의 중정에서 열린다. 하와이다운
잡화도 발견할 수 있다.

토요일
07:30-11:00 와이키키

줄 서는 것이 필수인 인기 상점이 많다.

세터데이 파머스 마켓 앳 KCC
Saturday Farmers' Market at KCC
하와이 최대 직거래 장터.
유기농 제품들이 다양하다.

토요일
08:00-12:00 카카아코

이른 아침에 가장 북적거린다.

카카아코 파머스 마켓
Kaka'ako Farmers' Market
워드 웨어하우스 주차장에서 열린다. 동양인이
적어 현지 분위기를 물씬 느낄 수 있다.

일요일
08:30-12:00 카일루아

현지인들도 이용하는 여유로운 분위기

카일루아 다운 파머스 마켓
Kailua Town Farmers' Market
아늑한 분위기의 시장이다. 현지 재료를 사용하
여 구성이 알찬 플레이트 런치를 맛볼 수 있다.

주말 오전 중에 열리는 장터는 혼잡하므로 오픈 시간에 맞춰 가는 것을 추천한다.

마실이의 advice

하와이어는 폴리네시아나 말레이 계통의 언어에 가깝다고 얘기된다. 사용하는 알파벳도 많지 않다. KEIKI(케이키)같이 우리가 알고 있는 단어와 발음이 비슷해서 영어로 들리는 단어도 많다. 그러나 단어의 의미는 다르므로 착각하지 않도록 한다.

발음상 뜻이 헷갈리기 쉬운 하와이어

발음	뜻
에미(emi)	'싸다' 또는 '말랐다'
나니(nani)	'아름다운' 또는 '아름다움'
오노(ono)	'맛있다' 또는 '삼치(생선)'
오하나(ohana)	가족
카네(kane)	'남자' 또는 '남편'
헤마(hema)	'왼쪽' 또는 '남쪽'
호이호이(hoihoi)	'즐거운' 또는 '재미있는'

영포자 **여행 영어** for Hawaii

EAT

—

P. 98   레스토랑 예약

P. 100 파인 다이닝

P. 104 조식 뷔페

P. 106 아침 식사

P. 110 팬케이크

P. 114 플레이트 런치

P. 118 햄버거

P. 122 이국적인 하와이 맛집

P. 126 하와이안 푸드

기본 문장 BASIC PHRASES

하와이의 요리는 양이 많은 경우가 많다. 나눠서 먹고 싶을 때 사용할 수 있는 표현들을 참고하자. 개인접시 등은 특히 사용 빈도가 높은 단어다.

가게에 들어가며 하는 문장

두 사람 자리가 있나요?
Do you have a table for two?
두 유 해버 테이블 포어 투?

창가자리(안쪽)에 앉고 싶은데요.
I want to sit by the window (in the back).
아이 원투 씻 바이 더 윈도우 (인 더 백)

식사와 관련된 문장

맛있어요.
It tastes good.
잇 테이스츠 굿

맛있어요.
Yummy.
여미

커피를 리필 해주시겠어요?
Can I have a refill of my coffee?
캐나이 해버 리필 어브 마이 커피?

테이크아웃 용기를 주시겠어요?
Can I have a container to go?
캐나이 해버 컨테이너 투 고?

계산과 관련된 문장

계산서 주세요.
Check, please.
체크, 플리즈

잔돈은 O 달러로 주시겠어요?
Can I have $O, change, please?
캐나이 해브 O달러즈, 체인지, 플리즈?

주문과 관련된 문장

주문할게요?
Can I order?
캐나이 오더?

추천 요리가 있나요?
What do you recommend?
왓드유 레커멘드?

어떤 요리인가요?
What is this cuisine?
왓 이즈 디스 퀴진?

무알코올 칵테일이 있나요?
Can I have a cocktail without alcohol?
캐나이 해버 칵테일 윗아웃 알코홀?

제가 주문한 요리가 아닙니다.
This is not what I ordered.
디스 이즈 낫 왓 아이 오더드

개인 접시를 주시겠어요?
Can I have some extra plates?
캐나이 해브 썸 엑스트라 플레이츠?

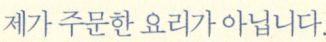

나눠서 먹고 싶어요
I want to share it.
아이 원투 셰어 잇

주문한 요리가 아직 나오지 않았어요.
The food that I ordered has not come yet.
더 푸드 댓 아이 오더드 해즈 낫 컴 옛

※ 테이크아웃용 용기는 도기백(doggy bag)이라고 한다. 원래는 애완견을 위해 포장해간다는 의미에서 파생된 표현이다.

EAT | 97

완벽 시뮬레이션
레스토랑 예약 <u>RESERVATION</u>

인기 레스토랑은 눈 깜짝할 새에 만석이 된다. 가게에 들어가지도 못한 채 실망하는 일이 없도록 고급 식당뿐만 아니라 캐주얼 레스토랑이라도 예약을 하는 것이 좋다. 저녁 7시 이후는 예약 필수인 곳도 있으니 주의하자. 복장도 사전에 확인하는 것이 좋다.

예약

○○ 레스토랑입니다. 무엇을 도와드릴까요?
OO Restaurant, how may I help you?
○○ 레스토랑. 하우 메이 아이 헬프 유?

식사 예약하고 싶은데요.
I'd like to make a reservation.
아이드 라잌 투 메이커 러저베이션

언제로 예약하시겠습니까?
When would you like it?
웬 우쥬 라이크 잍?

내일 저녁 7시에 가능한가요?
Is tomorrow at 7:00 p.m. okay?
이즈 투모로우 앹 쎄븐 피엠 오케이?

죄송합니다, 내일 저녁 7시에는 예약이 마감됐습니다.
저녁 7시 30분은 어떠신지요?
Sorry, we're fully booked at 7:00 p.m. tomorrow.
쏘리, 위어 풀리 북트 앹 쎄븐 피엠 투모로우
How about 7:30?
하우 어바웃 쎄븐 떨티?

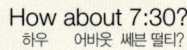

7시 30분도 괜찮아요.
7:30 is fine.
쎄븐 떨티 이즈 파인

일행이 모두 몇 분이십니까?
How many people are in your party?
하우 매니 피플 알 인 유어 파티?

98 | 영포자 여행 영어 for Hawaii

예약

두 명입니다.
Two people.
투　피플

원하는 자리가 있으십니까?
Where would you like to sit?
웨어　우쥬　라이크 투 씻?

창가 자리로 해주세요.
By the window, please.
바이　더　윈도우.　플리즈

테라스 자리	안쪽 자리
in the lanai	in the back
인　더　라나이	인　더　백

코스 메뉴와 단품 요리 중에서 어떤 요리를 주문하시겠습니까?
Would you like a course menu or a la carte?
우쥬　라이커　코스　메뉴　오어　알라 카르트?

코스 메뉴로 할게요.
Course menu, please.
코스 메뉴.　플리즈

복장 제한이 있나요?
Do you have a dress code?
두 유　해버　드레쓰　코드?

남성 손님께서는 상의(재킷)를 반드시 입으셔야 합니다.
Men must wear a jacket.
멘　머스트　웨어러　재킷

그리고, 여성 손님께서는 드레스,
스커트 또는 드레스팬츠를 입으셔야 합니다.
Women must wear a dress, a skirt, or dress pants.
위민　머스트　웨어러　드레쓰　어 스커트, 오어　드레쓰　팬츠

알로하 셔츠와 무무(하와이식 여자 드레스)도 괜찮습니다.
Aloha shirts and muumuu are welcome.
알로하　셔츠　앤드　무무　알　웰컴

하와이의 경우, 알로하 셔츠는 정중한 복장이므로 착용 가능하다.
긴 소매의 알로하 셔츠라면 더욱 격식을 차린 복장이 된다. 운동화는
바람직하지 않다. 여성은 어깨나 몸을 극단적으로 노출한 옷은
피하도록 하자. 캐쥬얼한 경우라도 비치 샌들은 피하는 것이 매너다.

렌터카로 이동한다면 'Can we park here?(캔 위 파크 히어?)'라고 주차가능여부를 확인해두는 것이 좋다.

EAT | 99

완벽 시뮬레이션
파인 다이닝   FINE DINING

파인 다이닝은 고급 호텔의 메인 다이닝처럼 인테리어, 서비스, 재료, 맛이 전반적으로 일류인 레스토랑을 가리킨다. 그렇다고 해도 긴장하지 말고 요리 등에 관해 모르는 것이 있으면 솔직하게 물어보는 것이 좋다. 좋은 직원이라면 정중하게 답해줄 것이다.

레스토랑에 들어가서

안녕하세요! 어서오세요.
Hello! Welcome to OO.
헬로! 웰컴 투 OO

 안녕하세요, '김영희'로 예약했는데요.
Hi! I have a reservation. My name is Yeong-hee Kim.
하이! 아이 해버   레저베이션.   마이   네임   이즈   '영희 킴'

김 선생님, 방문해 주셔서 감사합니다.
저를 따라오세요.
Thank you for coming, Ms. Kim. Please follow me.
땡큐   포어   커밍,   미즈 킴.   플리즈   팔로우   미

주문

주문하시겠습니까?
Are you ready to order?
알 유   레디 투   오더?

 네, 주문할게요.
Yes, we're ready.
예스   위어   레디.

아니요, 조금 이따가 주문할게요. 다시 와주시겠어요?
No, we need another minute to decide.
노,   위 니드   어나더   미닛   투   디싸이드.
Could you come back?
쿠쥬   컴   백?

음료는 어떻게 하시겠습니까?
Would you like something to drink?
우쥬   라이크   썸띵   투   드링크?

100 | 영포자 여행 영어 for Hawaii

주문

무알콜 음료(버진 카테일) 한잔 주세요.
I'd like to have a virgin cocktail.
아이드 라잌 투 해버 버진 카테일

메뉴 관련 용어는
P.102

추천 음료가 있나요?
What do you recommend?
왓두유 레커멘드?

오늘의 스페셜 음료가 있나요?
What is today's special?
왓 이즈 투데이즈 스페셜?

전채요리(스타터)로 하우스 샐러드 주세요.
I'll have the house salad for a starter.
아일 해브 더 하우스 샐러드 포러 스타터

알겠습니다. 메인 요리는 무엇으로 하시겠습니까?
Okay, and for the main course?
오케이, 앤드 포어 더 메인 코스?

뉴욕스테이크 주세요.
I'll have the New York steak, please.
아일 해브 더 뉴욕 스테이크 플리즈

스테이크 굽기는 어떻게 요리할까요?
How would you like your steak?
하우 우쥬 라이크 유어 스테이크?

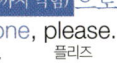으로 해주세요.
Well done, please.
웰던 플리즈

미디엄(겉만 익힘)	레어(아주 살짝 익힘)
Medium	**Rare**
미디엄	레어

식사중

식사 다 하셨습니까?
Are you finished with your plate?
알 유 피니쉬트 위드 유어 플레이트?

아직이요.	네, 다 먹었어요.
No, not yet.	Yes, I'm done.
노, 낫 옛	예스, 아임 던

생일에 서비스를 제공해주는 곳도 있다. 예약한 곳에 'The day is my birthday(더 데이 이즈 마이 벌쓰데이).' 라고 말해두자.

EAT | 101

멋진 밤을 위해 건배
하와이에서 칵테일을

해변에 있는 레스토랑이나 호텔 바에서 석양과 밤바다를 바라보며 칵테일을 마시는 것도 좋은 추억이 될 것이다. 하와이에서 꼭 맛봐야 할 추천 칵테일을 소개한다!

❃ 하와이를 대표하는 2대 칵테일 ❃

마이타이
Mai Tai

석양을 연상시키는 오렌지색이 인상적

마이타이란 폴리네시아어로 '최고'란 의미이다. 과일 주스의 트로피칼 향이 그야말로 하와이의 밤에 제격이다. 달콤해서 여성들도 마시기 좋은 칵테일

하와이의 바에서 시작해 세계로

마이타이는 원래 1944년에 캘리포니아에서 만들어졌다. 그러다가 하와이의 '로얄 하와이안'이 오리지널 마이타이를 내놓자마자 큰 인기를 끌었다. 현재 로얄 하와이안에는 마이타이의 이름을 내건 '마이타이 바'가 있다.

History

재료 | 화이트 럼, 오렌지 큐라소, 다크 럼, 파인애플 주스, 오렌지 과즙, 레몬 과즙, 과일(장식용), 민트 잎

블루 하와이
Blue Hawaii

하와이의 바다를 연상시키는 아름다운 트로피칼 칵테일

블루 큐라소의 선명한 파란색이 인상적인 칵테일. 파인애플 주스나 레몬 주스의 상큼한 향도 기분을 좋게 한다. 꼭 해변을 바라볼 수 있는 바에서 마셔 보자.

그 영화와의 관계는?

하와이에서 태어났다고 알려진 블루 하와이. 하와이를 무대로 한 영화 '블루 하와이'를 촬영할 때 주연배우였던 엘비스 프레슬리가 영화에서 주문한 칵테일이 시작이었다고 하는 설도 있지만 유감스럽게도 관련성은 정확하지 않다.

History

재료 | 화이트 럼, 블루 큐라소, 파인애플 주스, 프레시 레몬 주스, 과일(장식용)

피나콜라다
Pina Colada

1950년대에 푸에르토리코에서 태어난 칵테일. 럼주를 베이스로 하여 코코넛 밀크와 파인 주스를 쉐이크한 트로피컬 풍미가 넘치는 맛. 부드러운 달콤함도 특징이다.

잇치
Itchy

럼주를 베이스로 패션후르츠의 상큼한 향과 달콤함이 퍼지는 가벼운 맛의 칵테일. 잇치란 '가려운'이란 의미로 효자손이 잔에 꽂혀 있다.

라바 플로우
Lava Flow

용암이 흘러간다는 뜻의 이름을 가진 하와이 산 칵테일. 럼주를 베이스로 딸기 리큐어, 코코넛밀크 등이 들어가 디저트 감각의 달콤함을 맛볼 수 있다. 화려한 색채의 조화도 매력 있다.

망고 리타
Mango Lita

망고를 사용한 마르가리타. 데킬라를 베이스로한 마르가리타는 깔끔한 맛의 칵테일이지만 망고를 넣으면 남국의 과일향 풍미가 퍼진다.

기타 추천 칵테일

하와이 파이브 오
Hwaii Five o

럼주를 베이스로 하여 민트와 라임으로 마무리. 식사와 함께 즐기고 싶은 사람에게 추천한다. 시원한 음료로 고기요리에도 잘 어울린다. 남성에게도 인기가 높다.

트로피컬 아일랜드 모히토
Tropical Island Mojito

인기 TV프로그램 타이틀이 붙은 블루 칵테일은 보드카를 베이스로 블루 큐라소, 딸기 퓨레를 믹스한 것이다. 새콤달콤하고 시원한 맛으로 기분이 상쾌해진다.

바나나 밴시
Banana Banshee

보드카를 베이스로 바나나와 크림이 가득 들어가 있다. 양이 많아 식후에 마시는 술이란 느낌이 있지만 달콤한 간식 같은 느낌으로도 마실 수 있어 여성에게 인기가 높다.

치치
Chi Chi

보드카를 베이스로 파인애플과 코코넛밀크로 만들어진 칵테일. 트로피컬 칵테일의 전형이라고도 말할 수 있는 칵테일이다. 달콤한 맛으로 여성에게 인기 있는 칵테일이다.

술이 약한 사람은 Virgin cocktail(버진 칵테일)이라고 부르는 무알콜 칵테일을 마시는 것이 좋다.

완벽 시뮬레이션
조식 뷔페

BUFFET BREAKFAST

좋아하는 음식을 원하는 만큼 고를 수 있는 조식 뷔페. 많은 호텔의 레스토랑이나 카페에서 조식 뷔페를 운영하고 있으며 가격도 10달러 선부터 폭넓다. 건강한 주스나 요거트 등 다양한 메뉴들로 기분 좋은 공간에서 여유 있게 보내는 아침 식사 시간은 그야말로 여행지에서만 누릴 수 있는 작은 사치이다.

뷔페에 들어가서

안녕하세요. 예약하셨습니까?
Good morning. Do you have a reservation?
굿 모닝. 두 유 해버 레저베이션?

아닙니다. 두 사람 자리가 있나요?
No, we don't. Do you have a table for two?
노 위 돈트. 두 유 해버 테이블 포어 투?

원하는 자리가 있으십니까?
Where would you like to sit?
웨어 우쥬 라이크 투 씻?

테라스(라나이) 자리에 앉고 싶은데요.
We'd like to sit on the terrace (lanai).
위드 라이크 투 씻 온 더 테라스 (라나이)

해변에 있는 자리	실내 자리	안쪽 자리
on the beachfront	**inside**	**in the back**
온 더 비치프런트	인싸이드	인 더 백

자리에 앉아

커피 드시겠습니까?
Would you like some coffee?
우쥬 라이크 썸 커피?

네, 주세요.
Yes, please.
예스 플리즈

호텔에 따라 음료가
셀프서비스인 곳도 있다.

즐거운 식사시간 되세요.
Please enjoy the buffet.
플리즈 인조이 더 뷔페

오믈렛
조리대에서

오믈렛 주문 할 수 있나요?
May I have an omelet?
메이 아이 해브 언 어믈랏?

어떤 오믈렛을 원하십니까?
What would you like in your omelet?
왓 우쥬 라이크 인 유어 어믈랏?

버섯 치즈 오믈렛으로 주세요.
I'd like mushroom and cheese, please.
아이드 라이크 머쉬룸 앤드 치즈 플리즈

리필

여기요.
Excuse me.
익스큐즈 미

무엇을 도와드릴까요?
How may I help you?
하우 메이 아이 헬프 유?

커피를 리필 해주시겠어요?
Can I have a refill of my coffee?
캐나이 해버 리필 어브 마이 커피?

계산

계산서 주세요.
Check, please.
체크 플리즈

각자 계산해 주시겠어요?
Could we have separate checks?
쿠위 해브 쎄퍼레이트 첵스?

여기 있습니다. 계산은 계산대에서 하시면 됩니다.
Here you go. Please pay at the cashier.
히어 유 고 플리즈 페이 앹 더 캐쉬어

봉사료가 포함되나요?
Is the service fee included?
이즈 더 썰비스 피 인클루디드?

아닙니다.
No, it isn't.
노 잍 이즌ㅌ

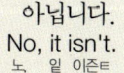

👥 인기 레스토랑은 예약하는 것이 좋다. 호텔의 경우, 레스토랑이나 프론트에서도 예약이 가능하다.(→ P.98)

완벽 시뮬레이션
아침 식사

 BREAKFAST

하와이에는 이른 아침부터 가게를 열고 아침 식사를 제공하는 카페나 레스토랑이 수없이 많으므로 가끔은 호텔에서 나와 방문해 보는 것도 좋다. 전형적인 메뉴는 팬케이크, 오믈렛, 프렌치 토스트, 에그 베네딕트 등이다. 아침의 상쾌한 공기를 마시며 신선한 아침 식사를 즐겨보자.

가게에 들어가서

안녕하세요. 몇 분이십니까?
Hi! Good morning. How many?
하이! 굿 모닝. 하우 매니?

두 명 입니다.
Two, please.
투. 플리즈

이쪽으로 오세요.
This way, please.
디스 웨이, 플리즈

주문

음료를 주문하시겠습니까?
Would you like something to drink?
우쥬 라이크 썸띵 투 드링크?

커피 주세요.
Coffee, please.
커피. 플리즈

스무디	생과일 주스
A smoothie	Fresh juice
어 스무디	프레쉬 쥬스

메뉴판 여기 있습니다. 조금 후에 주문 받겠습니다.
Here is a menu. I'll be right back.
히어 이즈 어 메뉴. 아일 비 라이트 백

영포자 **여행 영어** for Hawaii

주문

주문하시겠습니까?
Are you ready to order?
알 유 레디 투 오더?

프렌치토스트 주세요.
I'll have French toast, please.
아일 해브   프렌치   토스트,   플리즈

프렌치토스트 토핑은 무엇으로 주문하시겠습니까?
Would you like any toppings on your French toast?
우쥬   라이크 애니   토핑즈 온 유어   프렌치   토스트?

바나나와 딸기로 해주세요.
Bananas and strawberries, please.
버내너스   앤드   스트로베리즈,   플리즈

블루베리	키위
Blueberries	Kiwi
블루베리	키위

토핑은 됐어요. 고맙습니다.
No, nothing, thanks.
노,   낫띵,   땡쓰

베이컨과 달걀 요리 주문이 가능한가요?
Can I have a bacon and egg plate?
캐나이   해버   베이컨   앤드   에그   플레이트?

달걀은 어떻게 요리할까요?
How would you like your eggs?
하우   우쥬   라이크 유어   에그즈?

스크램블로 해주세요.
Scrambled, please.
스크램블드,   플리즈

한쪽만 익힌 달걀프라이	삶은 달걀
Sunny-side up	Boiled
써니- 싸이드 업	보일드

케첩을 주시겠어요?
Can I have some ketchup?
캐나이   해브   썸   케첩?

아침 식사 전문점은 오후 3시 쯤에 문을 닫는다. 2시쯤은 인기 있는 곳이라도 줄서지 않고 들어갈 수 있다.

읽을수록 즐거워지는
여행 STUDY

하와이의 커피

하와이는 19세기부터 커피를 마시는 문화가 정착되었다!

1825년에 브라질에서 커피 나무(이디오피아 원산 아라비카 종)가 들어온 것을 계기로 하와이언 커피의 역사가 시작됐다. 그 나무는 3년 후에 하와이 섬 코나에 옮겨지면서 머지않아 그 일대

하와이에서 재배되고 있는 원두는 모두 아라비카 종으로 우수한 풍미를 가지고 있다.

하와이를 대표하는 코나커피는 어떤 커피인가?

코나커피 Q&A

Q 코나커피는 왜 고가인가?
A 희소가치가 높기 때문이다.

기후, 토양, 급경사 지형 등 커피콩이 자라기 좋은 조건을 다 갖춘 코나에서 재배된 코나커피. 직접 손으로 따는 등 신중한 작업으로 귀하게 자라기 때문에 수확량이 적어 희소가치가 높다.

Q 등급이 있나?
A 5등급이 있다.

하와이 주에서는 위에서부터 엑스트라팬시, 팬시, No.1, 셀렉트, 프라임의 5개 등급으로 나누고 있다. 게다가 그 위에 군림하는 최고급 품질인 피베리가 있다.

Q 코나커피를 맛있게 타는 방법은?
A 강한 산미를 끌어내자.

코나커피는 강한 산미와 시트러스 계의 달콤한 향이 특징. 페이퍼 드립으로 훌륭하게 맛을 이끌어내 보자.

1. 물은 90℃가 좋다. 끓인 물을 2~3분간 그대로 두면 대략 90℃가 된다.
2. 커피가루를 전체적으로 적셔 20~30초간 둔다.
3. 가운데에서부터 천천히 소용돌이를 그리며 물줄기를 가늘게 해서 컵의 2/3까지 물을 붓는다.
4. 물을 충분히 소용돌이를 그리며 붓고 분량에 이르면 드리퍼를 분리한다.

물을 한번에 다 부어버리면 원두의 잡내가 섞이므로 주의하자.

가 전부 커피 나무 지역이 되었다고 한다.
이렇게 탄생하게 된 코나 커피 산업은 그 후 세계 정세 등의 여러 가지 이유로 극심한 부침을 반복했지만 1950년대 무렵부터는 그 희소성과 높은 품질로 점차 인기가 높아져 1970년대에는 최고급 커피로 자리 잡았다. 지금은 킬리만자로, 블루마운틴과 함께 '세계 3대 커피'라고 불리게 됐다.

근래 들어 코나 커피에 이어 같은 하와이 섬 카우지역의 카우 커피나 오아후 섬 노스쇼어의 와이얼 커피도 높은 평가를 얻고 있다. 또 모로카이, 카우아이, 마우이의 각 섬에서도 재배가 발전해나가며 커피 애호가들의 기대가 점점 높아지고 있다.

커피 벨트란 무엇인가?

적도를 중심으로 하여 북위, 남위 각 25도까지의 지역은 '커피벨트'라고 불리며 커피원두 재배에 적합한 지역으로 여겨지고 있다. 세계 3대 커피를 대표하는 유명한 커피원두는 전부 이 벨트 내에서 만들어진다. 참고로 하와이는 미국에서 유일한 커피산지이다.

coffee belt

코나 블렌드란 무엇인가?

패키지에 'Kona Blend(코나 블렌드)'라고 쓰여 있는 제품은 10% 이상의 코나 원산지 원두와 기타 지역의 커피를 블렌딩한 것이다. 코나 커피만 들어 있는 경우 '100% Kona(코나 100%)'라고 쓰여 있다.

원두는 홀 빈(whole bean), 간 것은 그라운드(ground)라고 한다.

완벽 시뮬레이션
팬케이크 PANCAKE

한국에도 하와이안 팬케이크를 제공하는 레스토랑이 있기는 하지만 하와이에 왔으니 본고장의 맛을 느껴 보자. 푹신한 느낌부터 쫀득한 식감까지 종류도 여러 가지이다. 듬뿍 올린 토핑과 과일도 식욕을 참을 수 없게 한다! 유명한 곳도 본점이 아니라면 비교적 길게 줄을 설 필요 없이 들어갈 수 있다.

주문

음료를 주문하시겠습니까?
Would you like something to drink?
우쥬 라이크 썸띵 투 드링크?

 커피 주세요.
Coffee, please.
커피 플리즈

아이스티	(뜨거운) 차	구아바 주스	스무디
Iced tea	Hot tea	Guava juice	A smoothie
아이스트 티	핫 티	구아바 쥬스	어 스무디

 주문하시겠습니까?
Are you ready to order?
알 유 레디 투 오더?

 릴리코이 팬케이크 주세요.
I'd like lilikoi pancakes.
아이드 라이크 릴리코이 팬케이크스

릴리코이란 패션후르츠를 말한다.  여러 가지 팬케이크 P.112

 1인분에 팬케이크가 얼마나 나오나요?
How many pancakes are in one order?
하우 매니 팬케이크스 알 인 원 오더?

세 장 나옵니다.
Three.
뜨리

 팬케이크 추가 주문할 수 있나요?
Can I order an additional pancake?
캐나이 오더 언 어디셔널 팬케이크?

주문

네, 가능합니다. 한 장에 0달러입니다.
Sure, they're $0 a piece.
슈어 데이얼 0달러즈 어 피스

그러면, 한 장 더 주세요.
Okay, then, I'll have one more, please.
오케이, 덴, 아일 해브 원 모어, 플리즈

그리고, 나눠 주시겠어요?
Can we share it?
캔 위 셰어 잍?

알겠습니다.
Sure.
슈어

개인 접시를 주시겠어요?
Can I have some extra plates?
캐나이 해브 썸 엑스트라 플레이츠?

식사중

구아바나 코코넛 등 시럽도
다양하니 곁들여 보자.

맛이 어떠십니까?
How is it?
하우 이잍?

맛있어요.
It's delicious.
잍츠 딜리셔스

커피 더 드시겠습니까?
Would you like some more coffee?
우쥬 라이크 썸 모어 커피?

네, 더 주세요.
Yes, please.
예스 플리즈

괜찮아요.
I'm fine.
아임 파인

계산

계산서 주세요.
Check, please.
체크 플리즈

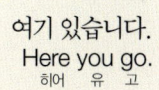

여기 있습니다.
Here you go.
히어 유 고

☀️ 테이블에 있는 소스나 시럽은 무제한 사용할 수 있다. 자체적으로 개발한 오리지널 시럽이 있는 곳도 있다.

EAT | 111

맛있어요!
Yummy!

심플한 게 좋아? 아니면 과일이 듬뿍 담긴 게 좋아?

HAPPY **여러 가지 팬케이크**

하와이에서밖에 맛볼 수 없는 팬케이크를 모두 소개한다! 개성도 제각각이니 취향대로 골라 보자.

엄청난 생크림

과일
fruit

휘핑크림
whipped cream

슈가 파우더
powdered sugar

팬케이크
pancakes

딸기 휘핑크림 & 마카다미아 너츠

Strawberry whipped cream & macadamia nuts

폭신한 팬케이크에 딸기와 휘핑크림을 가득 얹고 마카다미아를 뿌린다.

딸기 휘핑크림 팬케이크

Strawberry whipped cream pancakes

딸기와 휘핑크림을 대량으로 토핑. 슈가파우더도 듬뿍 뿌려져 있다.

더블 블루베리 팬케이크

Double blueberry pancakes

버터 밀크 팬케이크를 네 장 겹쳐 담고 블루베리 소스와 휘핑크림을 한가득 올린다.

과일이 듬뿍

버터밀크 팬케이크
Buttermilk pancakes
토핑으로 딸기나 블루베리, 바나나 등을 한가득 올렸다.

소스 종결자

릴리코이 팬케이크
Lilikoi pancakes
릴리코이(패션후르츠)가 들어간 특제 소스가 상큼하다.

마우이섬 파인애플 & 코코넛 버터밀크 팬케이크
Maui pineapple & coconut buttermilk pancakes
마우이 섬 원산의 파인애플과 코코넛을 토핑한다.

구아바 쉬폰 팬케이크
Guava chiffon pancakes
구아바의 산미가 팬케이크나 휘핑크림과 찰떡 궁합

과일 수플레 팬케이크
Fruit souffle pancakes
폭신폭신한 식감의 수플레 팬케이크는 바나나나 딸기를 곁들여 먹으면 꿀맛!

마카다미아 너츠 소스 팬케이크
Macadamia nuts sauce pancakes
마카다미아 넛츠 크림을 소스로 하여 계속 먹게 되는 맛

특이한 팬케이크

수플레 팬케이크 & 신선한 딸기
Souffle pancakes with fresh strawberries
폭신한 수플레 상태의 가벼운 식감으로 마무리한 프렌치 스타일

레드 벨벳 팬케이크
Red velvet pancakes
레드 벨벳 케이크의 붉은 소스는 미국 가정에서도 흔히 사용되는 소스의 전형이다.

얇은 팬케이크
Thin pancakes
반죽을 돌돌 말아서 만든다. 메이플 버터 시럽이 어우러진다.

우베 팬케이크
Ube pancakes
우베라는 보라색 과일 소스를 사용한다. 반죽에도 함께 넣는다.

프라이팬(pan)에서 구운 케이크라서 팬케이크라고 부른다.

EAT 113

플레이트 런치

완벽 시뮬레이션

PLATE LUNCH

요즘 하와이에서는 메인 요리와 밥이 모두 한 접시에 담긴 플레이트 런치가 인기다. 푸드 코트나 직거래 장터, 푸드 트럭에서 종이나 스티로폼 팩에 담아 테이크아웃하여 해변이나 호텔에서 먹는 것도 좋다.

🌸 일반적인 플레이트 런치 🌸

메인 반찬에 샐러드, 밥 두 스쿱을 담아주는 것이 일반적이다.

주문

무엇을 도와드릴까요?
May I help you?
메이 아이 헬프 유?

 추천 요리가 있나요?
What do you recommend?
왓 두 유 레커멘드?

아히 플레이트가 유명합니다.
The ahi plate is very popular.
디 아히 플레이트 이즈 베리 파퓰러

 그걸로 주문할게요.
Okay, I'll have that.
오케이, 아일 해브 댓

 여러 가지 플레이트 런치
P.117

밥은 백미나 현미 중에 고를 수 있도록 한 곳이 많다.

밥은 어떤 밥으로 주문하시겠습니까?
What kind of rice would you like?
왓 카인드 어브 라이스 우쥬 라이크?

 어떤 밥을 주문할 수 있어요?
What kind do you have?
왓 카인드 두 유 해브?

백미밥과 현미밥이 있습니다.
We have white rice and brown rice.
위 해브 와이트 라이스 앤드 브라운 라이스

주문

현미밥으로 주세요.
Brown rice, please.
브라운 라이스 플리즈

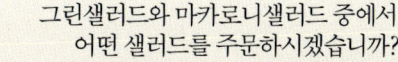
그린샐러드와 마카로니샐러드 중에서
어떤 샐러드를 주문하시겠습니까?
Would you like a green salad or macaroni salad?
우쥬 라이커 그린 샐러드 오어 매커로우니 샐러드?

마카로니 샐러드 주세요.
Macaroni salad, please.
매커로우니 샐러드, 플리즈

이전에는 곁들임 반찬이라고 하면 마카로니 샐러드였지만 최근에는 그린샐러드를 제공하는 곳도 있다.

음료 주문하시겠습니까?
Anything to drink?
애니띵 투 드링크?

생수 한 병 주세요.
A bottle of water, please.
어 바틀 어브 워터, 플리즈

모두 ○○달러입니다. 옆 카운터에서 기다려 주세요.
주문하신 요리가 준비되면 번호를 불러드리겠습니다.
It'll be $○○. Please wait at the next counter.
이들 비 ○○달러즈 플리즈 웨잍 앹 더 넥스트 카운터
We'll call your number when it's ready.
위일 콜 유어 넘버 웬 잍츠 레디

(주문한 음식을) 먹을 수 있는 자리가 있나요?
Is there somewhere we can eat?
이즈 데얼 썸웨어 위 캔 이트?

네. 바깥에 테이블이 있습니다.
Yes. We have tables outside.
예스 위 해브 테이블즈 아웃싸이드

나이프(칼)와 포크를 더 주시겠어요?
Can we have an extra knife and fork?
캔 위 해브 언 엑스트라 나이프 앤드 포크?

식당 내에 먹을 수 있는 공간이 있거나 밖에서 먹을 수 있는 테이블을 마련해둔 곳이 많으니 금방 만들어진 음식을 맛있게 먹어 보자.

네. 여기 있습니다.
Sure. Here you go.
슈어 히어 유 고

🌞 밥은 스쿱(scoop)이란 단위를 사용한다. 아이스크림 스쿱으로 담아주기 때문이다.

EAT | 115

한국, 중국식 플레이트 런치

한국 음식이나 중국 음식의 플레이트 런치는 몇 가지 음식과 반찬을 고르는 시스템이다.
진열되어 있는 음식을 손으로 가리켜 주문하면 된다.

주문

일반 정식으로 주세요.
A regular plate, please.
어 레귤러 플레이트, 플리즈

볶음 국수와 볶음밥 중에서 어떤 걸로 주문하시겠습니까?
Fried noodles or fried rice?
프라이드 누들즈 오어 프라이드 라이스

볶음밥으로 주세요.
Fried rice, please.
프라이드 라이스 플리즈

둘 다 주세요.
Both, please.
보뜨 플리즈

중국식 플레이트 런치는 주식을 고른다. 볶음면과 볶음밥을 반반씩 주문해도 되는 곳도 있다.

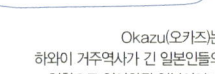
Okazu(오카즈)는 하와이 거주역사가 긴 일본인들의 영향으로 영어화된 일본어이다.

어떤 반찬을 주문하시겠습니까?
Which okazu do you want?
위치 오카주 두 유 원트?

몇 가지를 주문할 수 있어요?
How many can I choose?
하우 매니 캐나이 추즈?

일반정식에는 세 가지를 선택할 수 있습니다.
You can have three for a regular plate.
유 캔 해브 뜨리 포러 레귤러 플레이트

이거랑, 저거랑 그리고 이걸로 주세요.
This one, and that one, and this, please.
디스 원 앤드 댓 원 앤드 디스, 플리즈

손가락으로 가리키며

저를 따라 계산대로 오세요.
Please follow me to the counter.
플리즈 팔로우 미 투 더 카운터

계산

영수증 주시겠어요?
Can I have the receipt?
캐나이 해브 더 리시트?

안에서 먹는 경우 뚜껑이 없는 종이접시를 쓰는 경우도 있다.
테이크아웃하는 경우는 주문시 'To go(투 고).'라고 말하자.

맛있어요!
Yummy!

여러 가지 플레이트 런치

다채로운 로컬 푸드에 군침이 절로

간편하고 맛있는 요리를 즐기고 싶다면 플레이트 런치를 권한다.
현지인들에게도 인기 있는 메뉴를 소개한다!!

스위트 칠리 치킨
Sweet Chili Chicken
방금 튀긴 치킨을 매콤달콤한 소스로 버무린다.

그릴 아히
Grilled Ahi
커다란 참치 스테이크가 메인 접시에 한가득!

립 아이 스테이크
Ribeye Steak
양이 풍성한 스테이크. 소스는 선택가능

갈릭 스테이크
Garlic Steak
마늘향이 밴 스테이크는 밥과도 잘 어울린다.

갈릭 쉬림프
Garlic Shrimp
새우를 다진 마늘에 버무려 볶은 인기요리

갈릭 쉬림프
Garlic Shrimp
갈릭 쉬림프는 가게에 따라 사이드 메뉴가 다채롭다.

로코모코 플레이트
Locomoco Plate
그레이비소스와 달걀 반숙이 밥 위에 사르르~!

뉴욕 스테이크 플레이트
New York Steak Plate
두꺼운 스테이크가 포만감 만점. 샐러드와 함께 먹으면 좋다.

차이니즈 플레이트
Chinese Plate
메인 메뉴에 반찬을 두 가지 고를 수 있는 스몰 플레이트

새우는 사이즈에 따라 명칭이 다르다. 일반 새우는 쉬림프지만 큰 사이즈는 prawn(프론)이라고 한다.

완벽 시뮬레이션
햄버거 HAMBURGER

유명한 체인점으로 익숙한 곳부터 현지 카페의 개성 있는 햄버거, 레스토랑의 별미 햄버거까지 하와이에서는 여러 가지 햄버거를 만날 수 있다. 만드는 곳에 따라서는 빵이나 재료를 고를 수도 있으니 적극적으로 도전해 자신의 취향에 맞는 햄버거를 찾아보자.

주문

안녕하세요! ○○에 오신 것을 환영합니다.
Hello! Welcome to ○○.
헬로! 웰컴 투 ○○

커스텀버거 주세요.
I'll have a custom burger, please.
아일 해버 커스텀 버거, 플리즈

여러 가지 햄버거는
P.121

햄버거에 넣을 양상추, 토마토, 양파 중에서 어떤 것을 원하십니까?
Would you like lettuce, tomato, and onion?
우쥬 라이크 래터스, 토메이토, 앤드 어니언?

다 넣어주세요. 하지만, 양파는 조금만 주세요.
I'll have everything but only a little onion, please.
아일 해브 에브리띵 벗 온니 어 리들 어니언, 플리즈

피클 조금	올리브 조금
a few pickles	**a few olives**
어 퓨 피클즈	어 퓨 올리브즈

양상추와 양파만 넣어주세요. 토마토는 빼주세요.
I'll have lettuce and onion, but no tomato, please.
아일 해브 래터스 앤드 어니언, 벗 노 토메이토, 플리즈

다른 토핑도 주문하시겠습니까?
Would you like any other toppings?
우쥬 라이크 애니 아더 토핑즈?

(토핑으로) 아보카도는 얼마예요?
How much is avocado?
하우 머치 이즈 애보카도?

예약

1달러 입니다.
It's $1.
잍츠 원 달러

그러면, 아보카도 추가해주세요.
Okay, I'll have avocado.
오케이, 아일 해브 애보카도

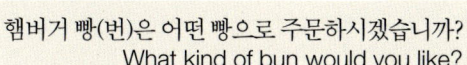

햄버거 빵(번)은 어떤 빵으로 주문하시겠습니까?
What kind of bun would you like?
왓 카인드 어브 번 우쥬 라이크?

참깨빵으로 주세요.
Sesame seed, please.
쎄써미 씨드, 플리즈

빵의 종류는 선택할 수 있는 것이 일반적이다.

흰 빵	갈색 빵
White	Brown
와이트	브라운

더 필요한 것 있으십니까?
Anything else?
애니띵 엘스?

감자튀김(프렌치 프라이)도 같이 주세요.
I'd like French-fried potatoes.
아이드 라이크 프렌치-프라이드 포테이토즈

음료 주문하시겠습니까?
Anything to drink?
애니띵 투 드링크?

탄산음료 주세요.
I'll have soda, please.
아일 해브 소다, 플리즈

네, (소다용) 컵 여기 있습니다.
Okay, here's your cup.
오케이, 히어즈 유어 컵

패스트푸드 전문점에서는 빈 컵을 받아 스스로 음료수를 담는 셀프서비스를 실시하고 있다.

탄산음료기계(소다 파운틴)에서 무료로 리필할 수 있습니다.
You can have free refills from the soda fountain.
유 캔 해브 프리 리필즈 프럼 더 소다 파운틴

여기서 드시고 가세요, 아니면 포장해 가세요?
For here or to go?
포 히어 오어 투 고?

주문을 받고 나서 만드는 햄버거가 큰 인기를 모으고 있다. 전표에 주문을 기입하는 곳도 많다.

주문

여기서 먹을 거예요.
For here.
포 히어

주문한 음식이 나오면 이름을 불러드리겠습니다.
We'll call you when it's ready.
위일 콜 유 웬 잍츠 레디

성함이 어떻게 되십니까?
May I have your name, please?
메이 아이 해브 유어 네임 플리즈?

맛집은 주문을 받은 후 만든다.
다 만들어지면 플레이트 번호나 손님의
이름을 부른다.

영희입니다.
Yeong-hee
영희

영희 님.
Yeong-hee.
영희

네.
Yes.
예스

주문하신 음식 나왔습니다. 맛있게 드세요.
Here you go. Enjoy your meal.
히어 유 고 인조이 유어 밀

케첩은 어디에 있어요?
Where is the ketchup?
웨어리즈 더 케첩?

겨자	우유	포크
is the mustard	**is the milk**	**are the forks**
이즈 더 머스터드	이즈 더 밀크	알 더 포크스
마요네즈	설탕	이쑤시개
is the mayonnaise	**is the sugar**	**are the toothpicks**
이즈 더 마요네즈	이즈 더 슈거	알 더 투쓰픽스
냅킨	커피스틱	
are the paper napkins	**are the stir sticks**	
알 더 페이퍼 냅킨즈	알 더 스터 스틱스	
빨대	수저	
are the straws	**are the spoons**	
알 더 스트로즈	알 더 스푼즈	

카운터에 있습니다. 맛있게 드세요.
On the counter. Please help yourself.
온 더 카운터 플리즈 헬프 유어셀프

여기서 먹을 거예요.
For here.

햄버거 인기 메뉴

입을 크게 벌리고 한입에 덥석 먹어 보자

커다란 패티는 포만감도 만점. 원하는 채소와 함께 즐겨 보자!

번
Bun

치즈
Cheese

패티
Patty

프렌치 프라이드 포테이토
French-fried potatoes

커스텀 버거
Custom Burger
패티나 재료를 취향에 맞게 선택 가능하다. 베지테리언을 위한 버거도 준비되어 있다.

몬스터 더블 버거
Monster Double Burger
체다치즈가 사르르 녹아내리는 모양이 마치 액체 괴물처럼 보인다.

BC 버거
BC Burger
번(버거 빵) 속에 스모크베이컨과 그릴애플 등이 한가득 들어 있다.

카운터 버거
Counter Burger
앵거스 비프패티와 어니언 프라이, 머시룸 소테가 들어 있다.

파스트라미 치즈 버거
Pastrami Cheese Burger
비프패티에 파스트라미가 한가득 들어간 풍성한 양의 버거

클래식 햄버거와 아보카도
Classic Hamburger with Avocado
커다란 아보카도와 촉촉한 육즙을 머금은 비프패티가 들어간 햄버거

로얄 버거
Royal Burger
신선한 양상추와 토마토, 얇게 저민 소고기가 들어 있다. 비법 소스가 맛의 비결

빵 대신 채소를 사용한 버거도 있어 현지인들에게 인기가 있다.

EAT

완벽 시뮬레이션
이국적인 하와이 맛집 ETHNIC

태국 요리나 베트남 요리, 인도 요리 등 이민자들이 많은 하와이의 특성상 이국적인 요리들이 발전해 있다. 본고장에서 온 셰프가 만드는 경우가 많아서 맛의 수준도 높은 편이다. 특히 베트남 국수인 포나 프랑스 빵을 사용한 샌드위치인 바인미가 대중적이다.

주문

일 인분에 스프링롤이 몇 개 나오나요?
How many spring rolls are in one order?
하우 매니 스프링롤즈 알 인 원 오더?

두개 나옵니다.
Two.
투

반으로 잘라 주실 수 있나요?
Can you cut them in two?
캔 유 컷 뎀 인 투?

네. 다른 주문할 것은 없으십니까?
Yes. Anything else?
예스 애니띵 엘스?

그린 파파야 샐러드 주세요.
I'll have a green papaya salad.
아일 해버 그린 파파야 샐러드

샐러드에 고수(코리앤더)가 들어가나요?
Does the salad have coriander in it?
더즈 더 샐러드 해브 코리앤더 인 잍?

양파는 빼주시겠어요?
Can you hold the onion?
캔 유 홀드 디 어니언?

당근	피클	피망
carrot	**pickles**	**green pepper**
캐럿	피클즈	그린 페퍼

주문

추천 요리가 있나요?
What do you recommend?
왓 두 유 레커멘드?

옐로우 커리가 가장 인기가 많습니다.
Yellow curry is very popular.
옐로우 커리 이즈 베리 파퓰러

 맵나요?
Is it spicy?
이짙 스파이씨?

꽤 맵습니다.
It's quite spicy.
잍츠 콰이트 스파이씨

원하시면 덜 맵게 (더 맵게) 준비할 수 있습니다.
We can make it less spicy (more spicy) for you.
위 캔 메이킷 레쓰 스파이씨 (모어 스파이씨) 포어 유

 일 인분 양이 얼마나 돼요?
How big is the portion?
하우 빅 이즈 더 펄션?

 세 명이 먹기에 양이 충분한가요?
Do you think that's enough for three people?
두 유 띵크 댓츠 이너프 포어 뜨리 피플?

 모든 음식을 나눠 주시겠어요?
Could we share everything?
쿨위 셰어 에브리띵?

 그러면 우리가 나눌게요.
We will share it then.
위 윌 셰어 잍 덴

 이것을 삼등분해 주시겠어요?
Could you split this into three?
쿠쥬 스플릿 디스 인투 뜨리?

 많이 배고프지 않아서요.
가볍게 먹을 수 있는 음식이 뭐가 있나요?
We are not very hungry. Do you have something light?
위아 낫 베리 헝그리 두 유 해브 썸띵 라이트?

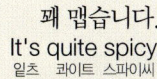

미얀마나 모로코 등 작은 나라의 음식을 전문으로 하는 레스토랑도 있다. 하와이에서 음식의 세계일주가 가능할 지도!?

익숙해지면 쉽다!
스마트하게 팁을 건네는 방법

한국인이 해외 여행을 할 때 아무리 해도 익숙해지지 않는 것이 바로 팁을 주는 문화이다. 얼마를 언제 주는 것이 좋은지 고민하게 되는 것. 당황하지 않도록 팁의 기본을 소개한다.

럭셔리한 레스토랑에서는 특히 스마트하게 팁을 건네고 싶기 마련!

요금에 팁이 이미 포함되어 있는지 확인한다.

미국에서는 서비스를 받을 때 팁을 건네는 것이 일반적으로 미국의 서비스업 종사자에게 팁은 중요한 수입원이다. 그러나 팁을 주는 문화가 없는 한국인에게는 팁을 재빨리 계산해서 스마트하게 건네는 것이 좀처럼 쉽지 않다. 그렇기 때문에 한국인에게는 미리 팁을 포함한 전표를 건네는 경우가 있다. 그걸 모르고 이중으로 팁을 지불하지 않도록 주의해야 한다. 참고로 팁은 Gratuity나 Service Charge라고 표기된다.

상황별 표준 팁

레스토랑 » 대체로 택스도 포함된 요금의 15~25%가 일반적이다. 고급 상점은 25% 정도이다. 그래도 엄밀히 계산하지 않고 우수리를 떼어버려도 OK.

바 » 기본적으로는 레스토랑과 마찬가지이다. 요금의 15~25%, 현금결제의 경우는 음료1개당 1달러를 팁으로 건네는 것이 적합하다.

호텔 포터 » 객실까지 짐을 옮겨주는 경우, 객실 사용 설명을 들은 후 짐 1개당 1~2달러를 팁으로 건네는 것이 일반적이다.

하우스 키퍼 » 객실 청소를 부탁하고 싶은 경우 팁으로 협탁에 1인당 1달러 정도를 놓는다. 청소가 필요 없을 때는 문에 'Don't disturb' 팻말을 걸어놓는다.

발렛파킹 » 호텔이나 레스토랑에 차를 댈 때 담당 직원에게 차를 맡기고 주차를 부탁하는 경우, 주차 요금과는 별도로 2~5달러 정도를 팁으로 건넨다.

택시 » 미터 요금의 10~15%가 일반적이다. 무거운 짐을 운반해주는 경우 짐 1개당 1달러 정도를 가산한다. 팁으로 건넬 잔돈이 없으면 거스름돈에서 내면 된다.

레스토랑에서 팁을 지불하는 경우

❶ 현금으로 테이블에 놓는다
요금을 현금으로 지불하는 경우, 팁을 덧붙여 현금을 테이블에 두면 된다. 잔돈이 없는 경우는 고액 지폐를 일단 지불하고 거스름돈에서 팁 금액만큼 테이블에 두면 된다.

❷ 신용카드
신용카드로 결제하는 경우, 서명할 때 팁을 적는 곳이 있으므로 스스로 팁을 계산해서 기입하면 결제할 때 동시에 처리된다.

❸ 신용카드 + 현금
지갑 속에 팁만큼의 돈이 있는 경우는 요리나 음료 금액만 신용카드로 지불하고 팁은 현금으로 올려두면 된다.

❹ 셀프서비스 상점의 경우
셀프서비스 카페나 플레이트 런치 식당의 경우, 팁을 어떻게 해야 하는지 고민스러워진다. 강제는 아니지만 카운터 옆에 팁을 넣는 상자가 있으므로 그곳에 넣으면 된다.

호텔에서 팁을 지불하는 경우
되도록 팁으로 사용할 소액 지폐를 지갑 또는 주머니에 넣어 두고 어떤 서비스를 받게 될 때 'Thank you.'라고 말하며 건네는 것이 스마트하다. 사전에 환전 시 1달러를 좀 더 많이 섞어달라고 하면 편리하다.

택시에서 팁을 지불하는 경우
팁으로 쓸 소액 지폐가 없는 경우는 먼저 택시 요금을 지불하고 거스름돈에서 팁을 제한 나머지를 요구하면 된다. 거스름돈을 받지 않고 전부 팁으로 주는 경우는 'Keep the charge, please(킵 더 차아지, 플리즈)'라고 하면 된다.

$	15%	17%	20%
$10	$1.50	$1.70	$2
$20	$3	$3.40	$4
$30	$4.50	$5.10	$6
$40	$6	$6.80	$8
$50	$7.50	$8.50	$10
$60	$9	$10.20	$12
$70	$10.50	$11.90	$14
$80	$12	$13.60	$16
$90	$13.50	$15.30	$18
$100	$15	$17	$20
$200	$30	$34	$40

💡 팁은 지폐가 기본이지만 레스토랑 등에서는 거스름돈인 잔돈을 팁으로 해도 된다.

미국의 돈

코인(센트)
코인은 구별이 어렵기 때문에 지갑에만 넣어 두기 쉽다. 자주 사용하자.

25¢   10¢

5¢   1¢

지폐(달러)
팁으로 사용하기 위해서 환전할 때 1달러권을 많이 준비해두는 것이 좋다.

 $100

 $50

 $20

 $10

 $5

 $1

$1 ≒ 1,130₩

환율 (2017년 5월 현재 기준)

완벽 시뮬레이션
하와이안 푸드
HAWAIIAN FOOD

원래 하와이에는 타로로 만든 포이 등 폴리네시안 지역의 요리와 하와이의 자연 속에서 발전한 전통적인 요리가 있었다. 거기에 이민자들이 가져온 서양요리, 일식, 이국적인 요리들과 융합해 로코모코 등 다채로운 메뉴가 등장하게 되었다.

주문

안녕하세요!
Aloha!
알로하!

하와이 음식을 드셔본 적이 있습니까?
Have you ever tried Hawaiian food?
해뷰   에버 트라이드   하와이안 푸드?

아니요, 오늘이 처음이에요. 추천 요리가 있나요?
No, it's my first time. What do you recommend?
노, 잍츠 마이 펄스트 타임.   왓 드 유   레커멘드?

하와이안 플레이트를 권해드리고 싶습니다.
I recommend our Hawaiian Plate.
아이   레커멘드   아워   하와이안   플레이트

어떤 요리인가요?
What is that?
왓 이즈 댓?

(하와이 전통음식인) 칼루아 피그, 라우라우, 로미 연어, 포이
그리고, 디저트로 하우피아(코코넛 푸딩)가 나옵니다.
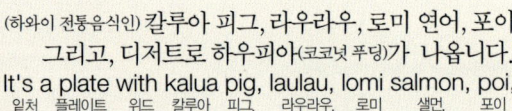

하와이안 푸드 관련 용어는 P. 128

예약

포이(하와이 전통 타로 요리)의 경우, 신선한 포이와
발효 상태의 포이 중에서 선택하실 수 있습니다.
We have fresh poi and fermented poi.
위 해브 프레쉬 포이 앤드 퍼맨티드 포이

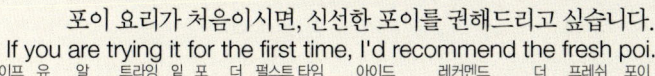

포이 요리가 처음이시면, 신선한 포이를 권해드리고 싶습니다.
If you are trying it for the first time, I'd recommend the fresh poi.
이프 유 알 트라잉 잍 포 더 펄스트 타임, 아이드 레커멘드 더 프레쉬 포이

발효된 것은 독특한 산미가 있어
호불호가 갈린다.

포이는 어떻게 먹어요?
How do I eat poi?
하우 두 아이 이트 포이?

하와이에서는 전통적으로 손가락으로 포이를 먹습니다.
Traditionally, you eat poi with your fingers.
트래디셔널리, 유 이트 포이 위드 유어 휭거즈

하지만, 수저를 사용해서 드셔도 됩니다.
But you can use a spoon if you like.
벗 유 캔 유즈 어 스푼 이프 유 라이크

맛이 어떤가요?
Do you like it? What do you think?
두 유 라이크 잍? 왓 드 유 띵크?

약간 신맛이 나지만, 굉장히 맛있어요.
It's a little bit sour, but pretty good.
잍처 리들 빗 싸우워, 벗 프리티 굿

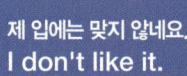
제 입에는 맞지 않네요.
I don't like it.
아이 돈트 라이크 잍

정확히 잘 모르겠어요.
I'm not too sure.
아임 낫 투 슈어

하우피아는 어떤 요리에요?
What is haupia?
왓 이즈 하우피아?

코코넛과 타로(토란의 일종)로 만든
하와이 전통 후식입니다.
It's a traditional dessert in Hawaii,
잍처 트래디셔널 디저트 인 하와이,
made of coconut and taro.
메이드 어브 코코넛 앤드 타로

포이는 하와이어로 '으깨다' 로미는 '버무리다'의 의미. 조리법이 요리명이 되었다.

EAT | 127

How to Order

레스토랑에서 도움이 되는
요리에 관한 하와이어 사전

Ahi(참치) 등 하와이어로 표기되는 음식 재료나 요리는 의외로 많다. 물론 영어나 한국어가 병기된 경우도 있지만 음식 재료나 요리 이름은 몇 가지 알아두면 편리하다.

해산물 — Sea food

생선	황다랑어	가다랑어
I'a 이아	Ahi 아히	Aku 아쿠

만새기	낙지	삼치
Mahimahi 마히마히	He'e 히에	'ono 오노

자붉돔	해초	회(사시미)
'opakapaka 오파카파카	Limu 리무	I'a Hou 이아호우

채소&과일 — Vegetables & fruits

타로고구마(타로토란)	아보카도	오렌지
Kalo 카로	Pea 피아	'alani 알라니

양배추	토마토	바나나
Kapiki 카피키	'ohi'a lomi 오히아 로미	Mai'a 마이아

파인애플	코코넛	과일
Hala kahiki 할라 카히키	Niu 니우	Hua 후아

육류 — Meat

| 닭고기 Moa 모아 | 소고기 Pipi 피피 | 돼지고기 Pua'a 푸아 |

조리법, 기타 — Recipe, etc.

| 버무리다 Lomilomi 로미로미 | 찜·구이 Kalua 칼루아 |

| 생선을 작게 자르다 Poke 포키 | 땅속에 만든 오븐 Imu 이무 | 맛있다 'ono 오노 |

하와이안 푸드에 도전

전통적인 것부터 비교적 새로운 것까지 하와이에 가면 꼭 도전해 보자.

포키
Poke

회를 향이 있는 채소와 함께 간장, 식용유로 버무린 것. 밥 위에 얹은 poke덮밥도 인기이다. Poke에 사용되는 회의 재료로 가장 대중적인 것은 참치(아히)다.

로코모코
Locomoco

밥에 햄버그와 달걀프라이를 얹어 그레이비소스를 뿌린 것. 1940년대에 하와이 섬에서 학생을 대상으로 만든 것이 최초라고 전해진다.

포이
Poi

폴리네시아 각지에서 전해 내려온 전통음식. 타로를 으깨 페이스트 상태로 만든다. 고대 하와이에서는 주식으로 먹었다.

하우피아
Haupia

코코넛밀크에 타로 전분을 섞어 굳힌 간식. 전통적인 연회인 루아우에서도 먹을 수 있다. 타로는 콘스타치로도 대체 가능하다.

라우라우
Laulau

타로와 찻잎으로 생선이나 고기를 싸서 구운 요리. 심플한 요리지만 하와이산 소금과 찻잎향이 맛을 더욱 깊게 만들어 준다. 식감이 촉촉하다.

칼루아 피그
Kalua pig

돼지고기를 바나나 잎으로 싸서 흙 속에서 시간을 들여 찌듯이 구워 소금간으로 먹는 대중적 요리. 고대 하와이부터 루아우에 필수불가결한 요리로 전해진다.

왕족시대부터 내려오는 전통요리와 각국의 이민자들이 가져온 식문화가 융합된 것이 하와이안 푸드다.

하와이어가 된 외래어 HAWAIIAN

도시락이 영어로 뭐였더라... 음...
Do you wanna bento?
두 유 워너 벤토?
벤또? (일본 도시락)
도시락을 주문하시겠어요?

You wanna Furikake?
유 워너 후리카케?
후리카케라면 그 밥에 뿌려먹는 후리카케 (밥 위에 뿌리는 양념)?
후리카케를 넣을까요?
Yes!

Which okazu do you want?
위치 오카주 두 유 원트?
오카주라면 오카즈? (반찬)
어떤 반찬을 주문하시겠습니까?

이 아줌머니 일본어 할 수 있는 거야?
Yes! I'm 오바짱 (아줌머니)!

일본어가 하와이에서 사용되는 이유

마실이의 advice

과거 많은 일본인들이 하와이로 이주한 역사가 있어 하와이에서는 일본어가 많이 사용되고 있다. 지금의 일본계 하와이안은 3세, 4세가 되어 거의 일본어를 사용하지 않는다. '일본인 아줌마'로 보이는 사람이 일본어를 전혀 할 수 없는 경우가 있지만 '하와이 스타일 일본어'는 말하기도 한다.

식사에 관한 하와이어

단어	발음	뜻
Mahalo	마할로	감사합니다
'ono	오노	맛있다.
Pūpū	푸푸	안주, 전채요리
Aina Kakahiaka	아이나 카카히아카	아침 식사
Aina ahiahi	아이나 아히아히	저녁 식사
Aina awakea	아이나 아와케아	점심 식사
Hale 'aina	할레 아이나	레스토랑(식당, 카페)
Wai	와이	물

영포자 **여 행 영 어** for Hawaii

BEAUTY

—

P. 134　호텔 스파

P. 138　로미로미

기본 문장 BASIC PHRASES

예약이 필수인 살롱이 대부분이니 먼저 예약부터 하자.
아름다워지기 위해서 필수적으로 익혀야 하는 표현을 소개한다.

예약에 관한 문장

두 사람 예약하고 싶은데요.
I'd like to make a reservation for two people.
아이드 라익 투 메이커 레저베이션
포어 투 피플

여자 치료사로 예약해 주세요.
I'd like a female therapist, please.
아이드 라이크 어 휘메일 떼라피스트, 플리즈

관리(시술) 받는 시간은 얼마나 걸리나요?
How long will this treatment last?
하우 롱 윌 디스 트리트먼트 래스트?

서비스에 관한 문장

예약을 했는데요.
예약자는 '김영희'입니다.
I have a reservation.
아이 해버 레저베이션
My name is Yeong-hee Kim.
마이 네임 이즈 영희 킴

약간 아파요.
I'm a little sore.
아임 어 리들 쏘어

기분이 좋아요.
I'm feeling good.
아임 필링 굿

132 | 영포자 여행 영어 for Hawaii

두 사람이 같은 방에서 관리를 받을 수 있나요?
Can two people be in the same room?
캔 투 피플 비 인 더 쎄임 룸?

생리 중에도 관리를 받을 수 있나요?
Is it all right if I am on my period?
이짙 올 라이트 이프 아이 엠 온 마이 피리어드?

전신과 얼굴 마사지를 받고 싶은데요.
I'd like to have a full body
아이드 라잌 투 해버 풀 바디
massage and facial.
머싸지 앤드 훼이셜

예약은 하지 않았는데,
지금 접수해도 돼요?
I don't have a reservation,
아이 돈트 해버 레저베이션
but can I make one now?
벗 캐나이 메이크 원 나우?

마사지를 조금 더
세게 해주시겠어요?
Could you massage
쿠쥬 머싸지
a little harder, please?
어 리들 하더, 플리즈?

화장실에 가고 싶은데요.
I want to use the restroom.
아이 원투 유즈 더 레스트룸

'Sore(쏘어)'는 어깨가 걸리는 경우에도 사용하는 말이다. 'My shoulder is sore(마이 쇼울즈 이즈 쏘어).' 라고 말해보자.

완벽 시뮬레이션
호텔 스파
HOTEL SPA

스파란 원래 온천을 갖춘 건강 관리 시설을 뜻하지만 현재는 마사지를 받는 살롱을 가리킨다. 하와이에는 스파를 부설로 갖춘 호텔이 많고 인테리어나 시술 등이 한 층 더 수준 높은 휴식시간을 제공한다. 정원 속의 카바나에서 시술을 받는 스파도 있다.

예약

예약할 수 있나요?
Can I make a reservation?
캔 아이   메이커   레저베이션?

특별히 원하는 것이 있으십니까?
Any request?
애니   리퀘스트?

여자 치료사로 예약해 주세요.
I'd like a female therapist, please.
아이드 라이크 어   휘메일   떼라피스트   플리즈

어떤 관리(시술)를 원하십니까?
What kind of treatment would you like?
왓   카인드 어브   트리트먼트   우쥬   라이크?

오일 마사지로 해주세요.
Oil massage, please.
오일   머싸지   플리즈

스파 관련 용어는 P. 137

접수

이 가운으로 갈아 입으시겠습니까?
Could you put on this robe, please?
쿠쥬   풋   온 디스   로우브   플리즈?

탈의실은 저쪽에 있습니다.
The changing room is over there.
더   체인징   룸   이즈   오버   데얼

준비가 다 되면 제게 말씀해 주세요.
Please let me know when you are ready.
플리즈 렛 미   노우   웬   유 알   레디

접수

준비됐습니다.
I'm done changing.
아임 던 체인징

시술

침대 위에 누우세요.
Please lie down on the bed.
플리즈 라이 다운 온 더 베드

천정을 바라보고	엎드려서
facing up	**facing down**
훼이싱 업	훼이싱 다운

괜찮으세요?
Are you all right?
알 유 올 라이트?

약간 추워요(더워요).
I'm a little cold (hot).
아임 어 리들 콜드 (핫)

약간 아파요.
I'm a little sore.
아임 어 리들 쏘어

마사지를 조금 더 세게(부드럽게) 해주시겠어요?
Could you massage a little harder (softer), please?
쿠쥬 머싸지 어 리들 하더 (소프터) 플리즈?

네, 좋아요.
That's good.
댓츠 굿

여기는(거기는) 만지지 말아주세요.
Please don't touch here (there).
플리즈 돈트 터치 히어 (데얼)

물을 마셔도 될까요?
Could I have some water?
쿠드 아이 해브 썸 워터?

화장실에 가고 싶은데요.
I want to use the restroom.
아이 원투 유즈 더 레스트룸

❖ 하와이 도착 첫날에 마사지 서비스를 받으면 오랜 비행으로 지친 피로가 풀려 상쾌하다! 인터넷으로 사전 예약할 수 있는 곳도 많다.

BEAUTY | 135

결제

모두 150달러 입니다.
The total is $150.
더 토틀 이즈 원 헌드레드 휘프티 달러즈

봉사료가 포함되나요?
Does it include the service fee?
더즈 잇 인클루드 더 썰비스 피?

서비스요금이 포함되지 않은 경우는 15% 정도 팁을 더해 지불한다.

네, 포함됩니다.
Yes, it does.
예스, 잇 더즈

아니요, 포함되지 않습니다.
No, it doesn't.
노, 잇 더즌트

신용카드로 결제할게요.
I'd like to pay with a credit card.
아이드 라잌 투 페이 위더 크레딧 카드

여기서 제품도 구매할 수 있나요?
Can I buy your products?
캐나이 바이 유어 프로덕츠?

안내데스크에서 구매하실 수 있습니다.
You can buy them at the reception desk.
유 캔 바이 뎀 앹 더 리셉션 데스크

정말 고맙습니다. 아주 기분이 산뜻해요.
Thank you so much. It was very refreshing.
땡큐 쏘 머치. 잍 워즈 베리 리프레싱

다음에 하와이에 오면, 꼭 다시 올게요.
I'll definitely come back next time I'm in Hawaii.
아일 데피너틀리 컴 백 넥스트 타임 아임 인 하와이

가족 단위나 친구와 함께 서비스를 받을수 있는 커플룸도 있다.

하와이산 꽃을 사용한 오일과 크림

정말 좋아요.
I'm feeling good.

하와이에서 누릴 수 있는 스파 코스
조금은 사치스러운 바디케어

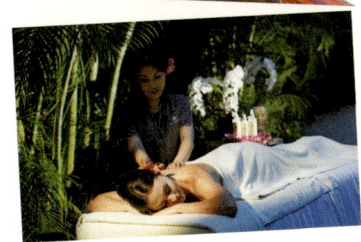

로미로미 마사지 **Lomilomi Massage**	하와이의 전통을 계승하는 마사지로 테라피스트가 손이나 팔꿈치 등을 사용해 체내를 자극해 혈행을 원활하게 해준다.
스톤 마사지 **Stone Massage**	따뜻하게 데운 돌을 몸의 경혈에 올려 혈류를 좋게하고 몸의 트러블을 개선하는 코스. 체내 에너지도 가다듬을 수 있다고 한다.
지압 **Shiatsu**	일본에서 시작된 건강관리 방법. 손을 사용해 혈을 자극하여 몸의 좋지 않은 컨디션을 맞춰간다. 하와이에서도 매우 인기가 높다.
오일 마사지 **Oil Massage**	오일을 듬뿍 사용하여 몸 전체를 조심스럽게 마사지한다. 아로마 향의 효능 (→ P. 140)도 기대할 수 있다.
리플렉솔로지(반사 요법) **Reflexology**	손과 발의 반사 부분을 자극하면 그에 반응하여 몸의 컨디션이 완화된다고 한다. 발바닥 마사지로 우리에게도 친숙하다.
타이 마사지 **Thai Massage**	오랜 역사를 가진 태국의 전통 마사지. 몸을 이완해 주는 스트레칭의 요소도 있어 몸 전체의 뭉친 곳을 풀어준다.
바디 스크럽 **Body Scrub**	천연 소금이나 약초 등을 피부에 발라 문질러 오래된 각질을 제거함으로써 피부를 부드럽게 해준다. 피부가 약한 사람들은 시술 전 카운셀링을 받도록 한다.
필링(박피) **Peeling**	힘을 가해 각질을 벗겨 피부의 순환 주기를 정상화시키는 것을 목적으로 하는 시술이다. 의학적인 요법이기도 하다.

팁을 현금으로 줄 때는 갈아 입을 시술용 가운에 미리 넣어둔다.

완벽 시뮬레이션
로미로미

LOMI LOMI

로미로미란 하와이어로 '문지르다'란 뜻이다. 고대 하와이의 치료 방법에서 시작된 로미로미 마사지는 테라피스트가 손바닥이나 팔꿈치 등을 사용해 신중하게 몸을 문질러 풀어준다. 하와이에 방문했다면 부담 없이 체험해 보자.

시술

시간이 얼마나 걸리나요?
How long does it take?
하우 롱 더즈 잇 테이크?

아로마오일은 옵션으로 선택하는 경우가 많다.

약 1시간 걸립니다.
It takes about one hour.
잇 테이크스 어바웃 원 아워

어떤 종류의 오일을 원하십니까?
What kind of oil do you like?
왓 카인드 어브 오일 두 유 라이크?

저는 플루메리아 향이 좋아요.
I like the smell of plumeria.
아이 라이크 더 스멜 어브 플루메리아

에스테틱 관련 용어는
P.140

평소에 불편한 데가 있으십니까?
Are you having any problems today?
알 유 해빙 애니 프라블럼즈 투데이?

알레르기가 있어요.
I have an allergy.
아이 해브 언 앨러지

등이 아파요.
My back is sore.
마이 백 이즈 쏘어

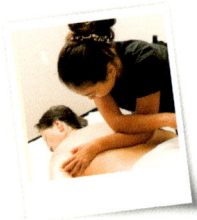

어깨가 아파요.
My shoulder is sore.
마이 쇼울더 이즈 쏘어

영포자 **여행 영어** for Hawaii

시술

피부가 민감한 편이에요.
I have sensitive skin.
아이 해브 쎈서티브 스킨

피부가 건조해요.
I have dry skin.
아이 해브 드라이 스킨

(마사지 강도가) 약간 센데요.
It is a little strong.
잍 이즈 어 리틀 스트롱

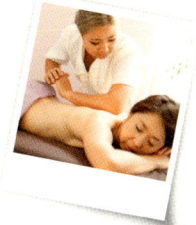

약한데요	간지러워요	아파요
weak	ticklish	sore
위크	티클리쉬	쏘어

기분이 좋아요.
I'm feeling good.
아임 필링 굿

관리(시술) 받는 동안 자도 돼요?
May I sleep during treatment?
메이 아이 슬립 듀링 트리트먼트?

네. 편안하게 쉬세요.
Yes. Please relax.
예스 플리즈 릴랙스

 시술 후

관리(시술) 받은 뒤에는 어떤 점을 주의해야 하나요?
How can I take care of my body after the treatment?
하우 캐나이 테이크 케어 어브 마이 바디 애프터 더 트리트먼트?

림프관 순환이 더 좋아지도록 물을 많이 드세요.
Please drink a lot of water,
플리즈 드링크 어 랏 오브 워터
because your flow of lymph has become better.
비커즈 유어 플로우 어브 림프 해즈 비컴 베터

오늘 하루는 푹 쉬세요.
Please relax for the rest of the day.
플리즈 릴렉스 포어 더 레스트 어브 더 데이

'Pohaku(포하쿠)'라고 하는 따뜻하게 데운 돌을 사용하는 마사지도 하와이 특유의 에스테틱 코스다.

BEAUTY | 139

냄새가 좋아요.
Nice smell.

power of nature

아로마 오일로도 사용
에스테틱에서 사용되는 식물 성분

하와이에는 식물 성분을 배합한 화장품도 많다. 하와이 자연 천혜의 선물을 누리자.

하와이의 재료를 사용한 화장품, 향수 등은 선물용으로도 좋다.

하와이안 식물과 열대의 꽃들
Hawaiian plants and Tropical flowers

고대부터 하와이 사람들은 자연의 식물들을 소중하게 여기며 살아왔다. 지금도 하와이의 태양 아래 자란 식물들은 화장품이나 아로마오일 등에 사용되어 미용과 건강을 중요하게 생각하는 여성들에게 사랑받고 있다.

플루메리아
Plumeria

인도에서는 성인(聖人)에게 바치는 거룩한 꽃. 가라앉은 기분을 위로하고 마음에 행복을 준다고 전해진다. 냉증 해소 효과도 있고 여성적인 매력을 더해준다고 한다.

히비스커스
Hibiscus

히비스커스의 엑기스는 보습 성분이 있고 미백 효과도 있어 스킨케어에 많이 사용된다. 또한 비타민 C나 구연산을 포함해 건강에도 좋아 차로 마셔도 굿!

피카케
Pikake

일반적으로 쟈스민이란 이름으로 알려져 있는 물푸레나무과의 꽃. 그 향기는 자신감을 회복하여 안정감을 준다고 한다. 생리통, 건조한 피부, 민감한 피부에도 좋다.

일리마
Ilima

오아후 섬을 상징하는 꽃. 하와이에는 'OLA NO I Ka PUA OKA 'ILIMA(일리마 꽃에는 치유의 힘이 있다)'라는 속담이 있다. 예전에는 약초로도 사용되었다. 향은 행복한 느낌을 전해준다.

노니

Noni
항산화작용이 있어 피부 건조를 막아 준다. 피하지방에 작용하는 동시에 자율신경을 조정하여 과식을 예방한다고도 전해진다. 노니의 성분을 함유한 로션이나 비누도 있다.

파인애플

Pineapple
비타민 C를 함유하여 항산화작용을 하며, 노화방지와 미백 효과도 볼 수 있다. 아로마오일로 만들면 긴장을 완화해 준다고 알려져 있다.

마일리

Maile
협죽도과 담쟁이 넝쿨 식물로 레이를 만들 때도 사용한다. 옛날에는 헤이아우에도 장식된 신성한 식물이다. 숲속의 향기는 심신을 안정시켜 주고 향수로도 인기가 있다.

코코넛

Coconut
영양성분으로 바로 바뀌기 때문에 살찌기 어려운 중쇄지방산으로 분류되는 코코넛오일은 콜레스테롤 수치를 내려 주고 다이어트나 미백 효과도 좋은 만능 오일로 인기가 높다.

망고

Mango
베타카로틴, 비타민 C, 구연산이 풍부하고 조혈작용이 있는 엽산도 함유하여 빈혈에도 좋다. 아로마오일로 사용하면 트로피컬 향이 기분을 좋게 해준다.

릴리코이

Lilikoi
패션후르츠란 이름으로 더 유명한데, 그 향기는 싱그럽고 상쾌하며 릴랙스 효과나 숙면 효과가 있다. 액기스는 피부 미용에 좋아 화장품으로도 사용된다.

하와이는 내추럴(자연친화) 화장품의 천국

화장품은 사용한 재료를 잘 체크하고 구입하자.

와이키키 거리를 걸으면 발길 닿는 곳마다 화장품 가게를 발견할 수 있다. 현지 브랜드부터 유럽 브랜드까지 상품들도 폭넓게 갖춰져 있다. 그중 대부분이 자연 식물을 원료로 할 정도로 유기농을 중심으로 내추럴 화장품이 많다.

식물 성분을 배합한 유기농 화장품은 피부 본연의 자연 치유 능력을 이끌어 낸다고 알려져 있다.

CAR DRIVING

즐겁고 설레이는 여행 / 한국과 다른 규칙도 있다.

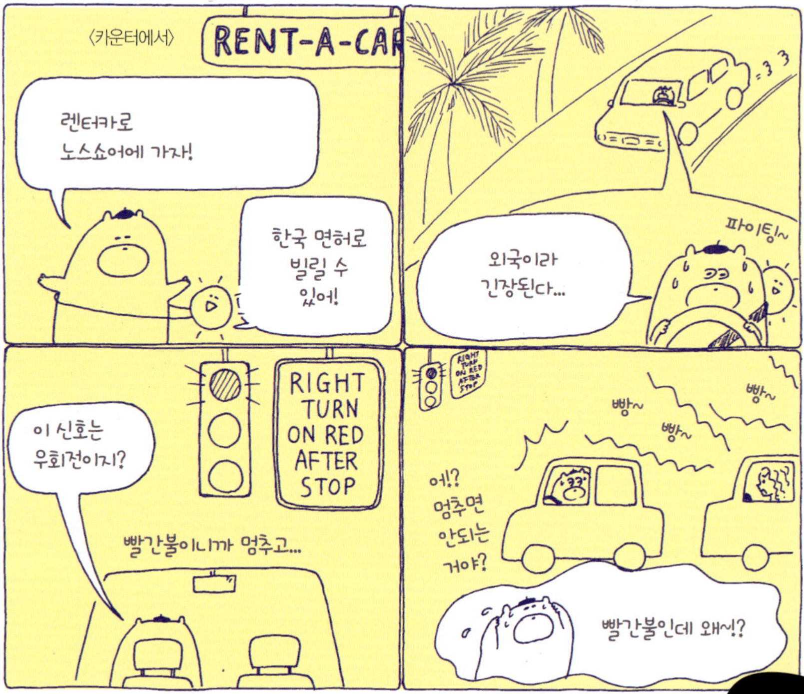

마실이의 advice

하와이에서 운전할 때 가장 주의해야 할 것이 우회전과 좌회전이다. 빨간불이어도 일시정지했다가 회전하는 경우도 있고, 파란불이 되지 않으면 우회전을 할 수 없는 교차로도 있으므로 표식을 잘 확인하자. 또 좌회전이 우선이고 직진이 나중이다.

도로 표지판을 체크하자!

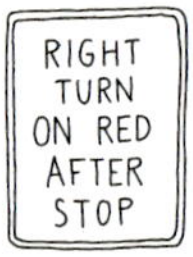

RIGHT TURN ON RED AFTER STOP
일시정지하고 우회전

EXCEPT FROM RIGHT LANE AFTER STOP
오른쪽 차선은 일시정지하고 우회전

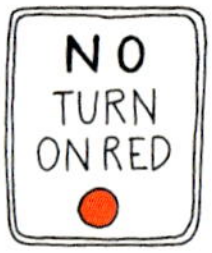

NO TURN ON RED
빨간신호 때는 우회전 불가

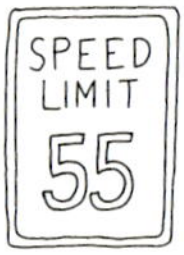

SPEED LIMIT 55
55km가 아니라 55mile. 88.5km이다.

WEST, EAST
방향이 쓰여 있다. 한국처럼 ○○방면으로 표기되어 있지 않다.

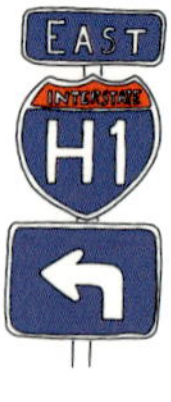

YIELD
양보도로가 있어 양보의 의미

BUMP
길에 요철이 있으니 속도를 줄이란 뜻

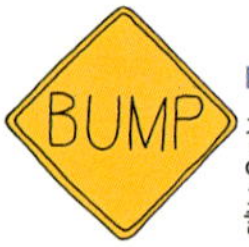

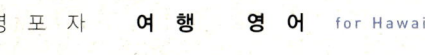

영포자 **여 행 영 어** for Hawaii

STAY

P. 146 호텔

P. 154 콘도

P. 160 호텔에서 문제가 발생하면

기본 문장 BASIC PHRASES

놀다 지친 몸을 느긋하게 쉬게 하려면 쾌적한 호텔은 중요한 요건이다.
무언가 요청할 일이 있으면 확실하게 전달하자.

체크 인, 체크 아웃에 관한 문장

체크아웃 하고 싶은데요.
I'd like to check out.
아이드 라익 투   체크   아웃

언제 체크인 할 수 있나요?
What time is check-in?
왓   타임 이즈   체크인?

짐을 보관해 주시겠어요?
Would you please keep my baggage?
우쥬   플리즈   킵 마이   배기지?

공항까지 가는 택시를 불러주세요.
Please call a taxi for me to the airport.
플리즈 콜 어 택시 포어 미 투 디   에어포트

긴급 상황 시 문장

방에 온수가 나오지 않아요.
There isn't any hot water in my room.
데얼 이즌트 애니 핫 워터 인 마이 룸

룸키를 방에 두고 왔어요.
I left the key in my room.
아이 레프트 더 키 인 마이   룸

방 청소가 되지 않았어요.
My room isn't cleaned up.
마이   룸   이즌트   클린드   업

숙박 관련 문장

방해하지 마세요.
Don't disturb.
돈트 디스터브

방 청소 부탁드립니다.
Please clean my room.
플리즈 클린 마이 룸

새 수건을 주시겠어요?
Can I have new towels?
캐나이 해브 뉴 타월즈?

다리미를 빌릴 수 있나요?
Can I borrow an iron?
캐나이 바로우 언 아이언?

아침 6시 40분에 모닝콜 부탁 드려요.
Please give me a wake-up call at 6:40 in the morning.
플리즈 기브 미 어 웨이크업 콜 앳 씩스 포티 인 더 모닝

음식물쓰레기처리기가 작동하지 않아요.
The disposal doesn't work.
더 디스포절 더즌트 월크

변기 물이 내려가지 않아요.
The toilet doesn't flush.
더 터일렛 더즌트 플러시

스토브가 작동하지 않아요.
The stove doesn't work.
더 스토브 더즌트 월크

❖ 한국인 스태프를 부를 때는 'Korean speaking staff, please(코뤼언 스피킹 스탭 플리즈)'라고 하자.

STAY | 145

완벽 시뮬레이션
호텔 HOTEL

오아후 섬의 와이키키에 하와이 주에서 가장 오래된 호텔 '모아나 더 플라이더'가 세워진 것은 1901년의 일이다. 이후 하와이를 방문하는 사람들을 위해 몇 개의 호텔이 더 만들어졌다. 대부분 리조트만의 여유로운 분위기가 흐르고 마치 집에 온 것 같은 환대도 받을 수 있다.

체크인

체크인 해주세요.
Check-in, please.
체크인 플리즈

'김영희'로 예약했어요.
I have reservations. My name is Yeong-hee Kim.
아이 해브 레저베이션즈 마이 네임 이즈 영희 킴

언제 체크인 할 수 있어요?
What time is check-in?
왓 타임 이즈 체크인?

오후 2시부터 체크인하실 수 있습니다.
From 2 o'clock.
프럼 투 어클락

그때까지 짐을 보관해도 될까요?
Can you keep my luggage until then?
캔 유 킵 마이 러기지 언틸 덴?

네, 가능합니다.
Sure.
슈어

체크아웃 시간은 언제인가요?
What time is checkout?
왓 타임 이즈 체크아웃?

정오(12시) 입니다.
Twelve o'clock.
트웰브 어클락

체크인

 경치가 좋은 방으로 묵고 싶어요.
I'd like a room with a nice view.
아이드 라이크 어 룸 위더 나이스 뷰

오션 프론트(가까이에서 바다가 바로 보이는 객실)
an ocean front
언 오션 프런트

오션뷰(바닷가 전경이 보이는 객실)
an ocean view
언 오션 뷰

시티뷰(도심이 보이는 객실)
a city view
어 씨티 뷰

부분 오션뷰(일부분만 바다가 보이는 객실)
a partial ocean view
어 파셜 오션 뷰

마운틴뷰(산이 보이는 객실)
a mountain view
어 마운틴 뷰

 방으로 짐을 가져다 주시겠어요?
Could you bring my luggage to my room?
쿠쥬 브링 마이 러기지 투 마이 룸?

 한국어가 가능한 안내 직원이 계세요?
Do you have concierge desk for Korean guests?
두 유 해브 컨시어지 데스크 포어 코리언 게스츠?

 조식은 몇 시에 먹을 수 있어요?
What time is breakfast?
왓 타임 이즈 브렉퍼스트?

 비치타월은 어디에 있어요?
Where can I get beach towels?
웨어 캐나이 겟 비치 타월즈?

방 안에 있는 개인 금고를 사용할 수 있습니다.
Pease use the safe in your room.
플리즈 유즈 더 세이프 인 유어 룸

 와이파이를 무료로 이용할 수 있나요?
Do you have free Wi-Fi?
두 유 해브 프리 와이파이?

하와이는 거의 대부분의 호텔에 인터넷 환경이 잘 갖춰져 있다.

객실에서 와이파이를 이용할 수 있습니다.
패스워드는 여기 있습니다.
You can use it in your room. Here's the password.
유 캔 유즈 이딛 유어 룸 히어즈 더 패스워드

※ 리조트 수수료라고 하는 요금을 도입한 호텔에서는 와이파이 등을 무료로 사용할 수 있다.

주차
주차를 하고 싶은데요.
I'd like to park my car.
아이드 라잌 투 파크 마이 카

주차장 입구는 OO 스트리트에 있습니다.
The entranc is on OO street.
디 엔트런스 이즈 온 OO 스트릿

주차요금은 얼마예요?
How much does parking cost?
하우 머치 더즈 파킹 코스트?

스스로 주차하는 셀프파킹(self parking)과
직원에게 주차를 부탁하는
발렛파킹(valet parking)이 있다.

하루에 30달러 입니다.
$30 a day.
떨티 달러즈 어 데이

체크아웃 할 때 (주차요금을) 같이 계산해도 될까요?
Can I pay it when I check out?
캐나이 페이 잍 웬 아이 체크 아웃?

네 가능합니다. 주차장 직원에게 말씀하세요.
Yes, please tell the parking staff.
예스 플리즈 텔 더 파킹 스탭

수영장, 해변
수영장 타월을 빌릴 수 있을까요?.
Can I borrow a towel for the pool?
캐나이 바로우 어 타월 포어 더 푸울?

룸카드를 보여주시겠습니까?
Can I see your room card please?
캐나이 씨 유어 룸 카드 플리즈?

여기요.
Here.
히어

네, 여기 있습니다.
OK, here you are.
오케이 히어 유 알

수영장, 해변

비치체어를 빌릴 수 있어요?
Can I borrow a beach chair, please?
캐나이 바로우 어 비치 체어 플리즈

비치 파라솔(해변용 파라솔) | 비치 매트(해변용 매트)
beach umbrella | **beach mat**
비치 엄브렐라 | 비치 매트

 사용료는 얼마죠?
How much is it?
하우 머치 이짙?

호텔 투숙객은 하루에 30달러입니다.
It's $30 a day for hotel guests.
잍츠 떨티 달러즈 어 데이 포어 호텔 게스츠

오후 5시까지 반납하시면 됩니다.
Please return this by five o'clock.
플리즈 리턴 디스 바이 화이브 어클락

체크아웃

체크아웃 해주세요.
Check out, please.
체크 아웃 플리즈

고객님의 청구서 입니다.
This is your bill.
디스 이즈 유어 빌

 체크아웃하고 짐을 보관해도 될까요?
Would you keep my baggage until I leave?
우쥬 킵 마이 배기지 언틸 아이 리브?

네, 가능합니다. 보관증 여기 있습니다.
Sure, here is your ticket stub.
슈어 히어 이즈 유어 티켓 스터브

 택시를 불러주시겠어요?
Could you call me a taxi, please?
쿠쥬 콜 미 어 택시 플리즈?

네, 잠시만요.
Sure, just a moment.
슈어 저스트 어 모먼트

∴ 수영장이나 해변의 파라솔 대여는 호텔 숙박고객 전용이다.

STAY | 149

호텔 이용에 반드시 필요한 문장

체크인과 체크아웃 시 이용하는 호텔 프론트. 로비 1층 주변에는 손님이 쾌적하게 시간을 보낼 수 있는 여러 가지 설비가 갖춰져 있다.

미니 마트
Mini Mart
미니 마트

간편식이나 음료, 세면도구 등 숙박 시 필요한 물건들을 다양하게 취급하고 있다. 큰 호텔의 경우 편의점이 있는 곳도 있다.

이 돈을 잔돈으로 바꿔주실 수 있나요?
Could you break
쿠쥬   브레이크
this, please?
디스   플리즈?

체크아웃 시간은 언제인가요?
What time is checkout?
왓   타임 이즈   체크아웃?

계산대
Cashier
캐쉬어

결제 업무를 담당한다. 환전은 여기에서 부탁하자.

생수 한 병 주세요.
Can I have a
캐나이   해버
bottle of water, please?
바틀   어브   워터,   플리즈?

체크인 해주세요.
Check in, please.
체크인   플리즈

로비
Lobby
로비

입구
Entrance
엔트런스

150 | 영포자 여행 영어 for Hawaii

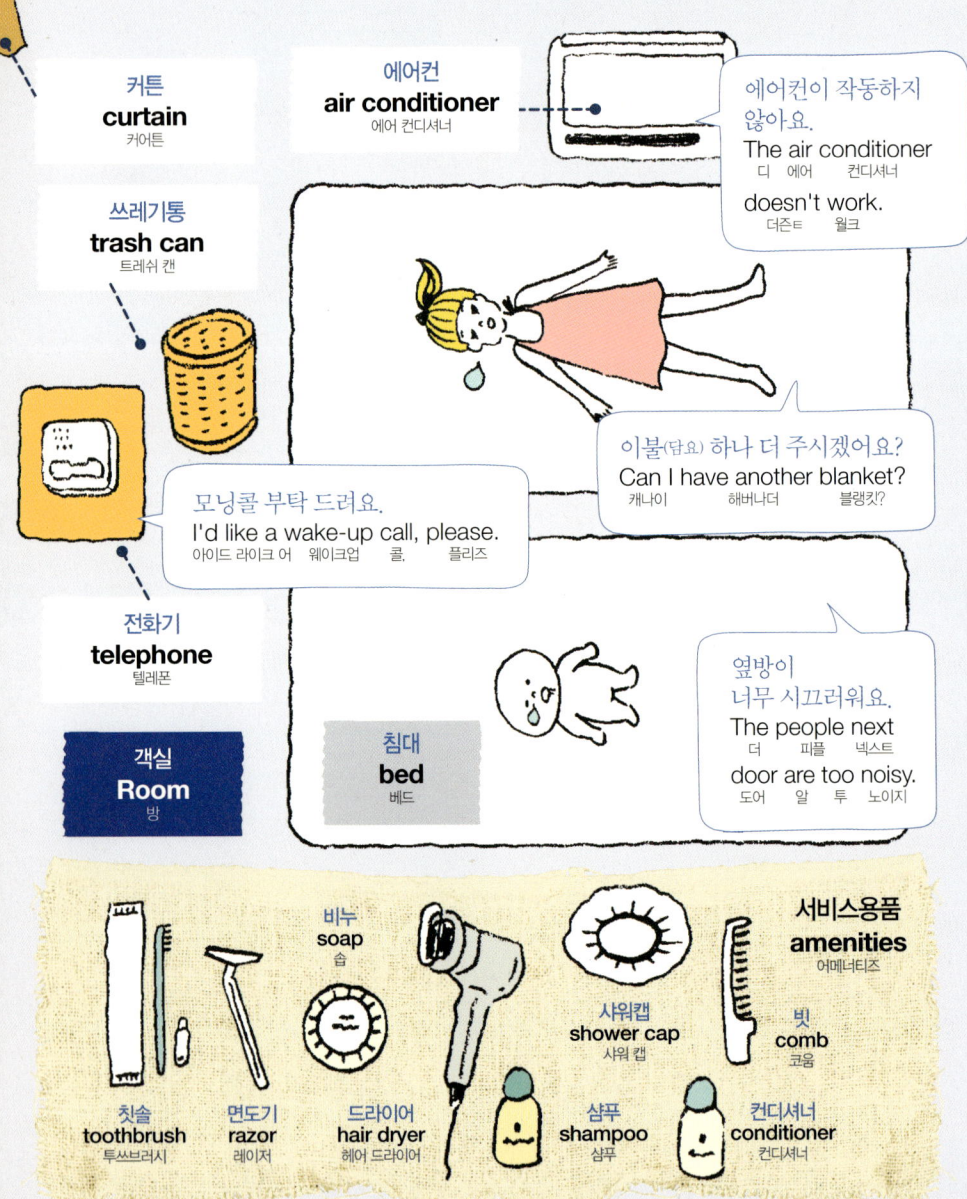

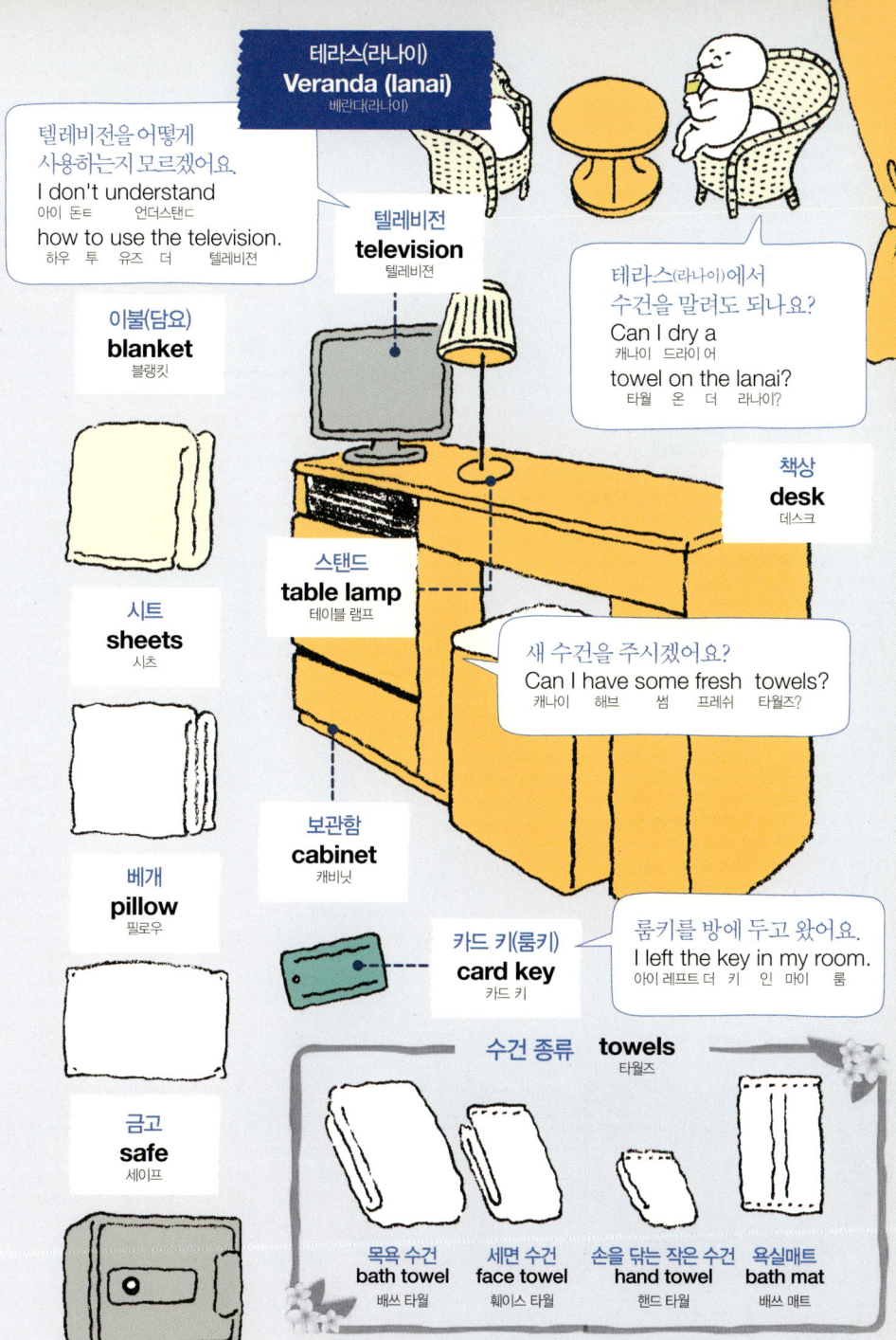

완벽 시뮬레이션
콘도 CONDOMINIUM

임대형 별장 같은 곳으로, 일상 생활을 하는 느낌으로 숙박할 수 있다. 호텔과 마찬가지로 메이드 서비스가 마련된 곳도 있다. 부엌이 있어 하와이의 식재료를 사용해 취사도 가능하다. 와이키키는 고층 콘도와 외관이 빌라형인 콘도가 대부분이다.

프론트에서

메이드 서비스(객실청소 서비스)가 가능한가요?
Do you have any maid service?
두 유 해브 애니 메이드 썰비스?

네, 가능합니다.
Yes, we do have maid service.
예스, 위 두 해브 메이드 썰비스.

죄송합니다, 별도로 제공되지 않습니다.
No, we don't have maid service.
노 위 돈트 해브 메이드 썰비스.

메이드 서비스는 일주일에 몇 번 가능한가요?
How many days of maid service will
하우 매니 데이즈 어브 메이드 썰비스 윌
we have during the week?
위 해브 듀링 더 위크?

5일에 1회 가능합니다.
Once every 5 days.
원스 에브리 화이브 데이즈.

격일로 가능합니다	일주일에 1회 가능합니다.	매일 가능합니다.
Every other day.	Once a week.	Every day.
에브리 아더 데이	원스 어 위크	에브리데이

서비스 이용

세탁실이 있나요?
Do you have a laundry room?
두 유 해버 런드리 룸?

서비스
이용

네, 육층에 있습니다.
Yes. It's on the 6th floor.
예스 잍츠 온 더 씩스뜨 플로어

세탁실에 동전 교환기도 있나요?
Is there a coin changer in the laundry room?
이즈 데어러 코인 체인저 인 더 런드리 룸?

네, 있습니다.
Yes, there is.
예스 데얼 이즈

여기서 세탁세제를 살 수 있나요?
Do you sell laundry detergent?
두 유 쎌 런드리 디털전트?

일용품이나 음료를 파는 미니마트가 있는 콘도도 있다.

육층에 있는 미니마트에서 구입할 수 있습니다.
You can buy it at the 6th floor Mini Mart.
유 캔 바이 잍 앹 더 씩스뜨 플로어 미니 마트

쓰레기는 어디에 버려요?
Where do I throw away rubbish?
웨어 두 아이 뜨로우 어웨이 러비쉬?

각 층마다 있는 쓰레기 수거함에 버리시면 됩니다.
Please dispose of your rubbish
플리즈 디스포즈 어브 유어 러비쉬
in the rubbish chute, on your floor.
인 더 러비쉬 슈트 온 유어 플로어

부탁

방 청소 부탁 드립니다.
Please clean my room.
플리즈 클린 마이 룸

새 수건으로 바꿔주세요.
Please change my towels.
플리즈 체인지 마이 타월즈

전자레인지가 작동하지 않아요.
The microwave oven doesn't work.
더 마이크로웨이브 오븐 더즌트 월크

전기밥솥을 사용할 수 있게 해주세요.
Please let me use a rice cooker.
플리즈 렛 미 유즈 어 라이스 쿠커

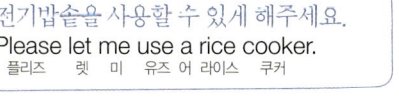 음식물 쓰레기는 처리기(disposal)로 처리한다. 기타 쓰레기는 쓰레기통에 넣으면 된다.

STAY | 155

세탁

세탁기 사용법을 알려주세요.
Please show me how to use the washing machine.
플리즈 쇼우 미 하우 투 유즈 더 와싱 머신

세탁이나 건조기는 코인을 사용하는 경우가 많으니 미리 준비해가자.

쿼터(25센트) 세 개를 여기에 넣고, 세탁세제는 여기에 넣고, 스위치를 누르세요.
Put three quarters here, and the detergent here,
풋 뜨리 쿼터즈 히어 앤드 더 디털전트 히어
then push the switch.
덴 푸쉬 더 스위치

세제는 어디에서 살 수 있죠?
Where can I buy the detergent?
웨어 캐나이 바이 더 디털전트?

저기 있는 자동 판매기에서 구입할 수 있습니다.
You can buy some at the vending machine over there.
유 캔 바이 썸 앹 더 벤딩 머신 오버 데얼

수영장

수영장을 이용하고 싶은데요.
I'd like to use the pool.
아이드 라잌 투 유즈 더 푸울

체육관	비즈니스 센터
gym	**business center**
짐	비즈니쓰 센터

오전 9시부터 저녁 6시까지 수영장을 이용할 수 있습니다.
You can use the pool from nine to six.
유 캔 유즈 더 푸울 프럼 나인 투 씩스

룸키로 수영장 출입문을 열 수 있습니다.
Please open the gate with your card key.
플리즈 오픈 더 게이트 위드 유어 카드 키

수영장에 타월이 있나요?
Are there towels for the pool?
알 데얼 타월즈 포어 더 푸울?

없습니다. 객실에 있는 타월을 사용하시면 됩니다.
No. Please use the room towels.
노 플리즈 유즈 더 룸 타월즈

바비큐

바비큐(숯불구이) 그릴을 사용해도 되나요?
Can I use the barbecue grill?
캐나이 유즈 더 바비큐 그릴?

숙박고객용으로 옥외에 바비큐 구역을 마련하고 있는 콘도도 있다.

네, 원하는 대로 사용하세요.
Yes, please feel free to use it.
예스 플리즈 필 프리 투 유즈 잍.

어떻게 사용하는지 알려주시겠어요?
Would you show me how to use it?
우쥬 쇼우 미 하우 투 유즈 잍?

2달러 상당의 코인을 넣고, 스위치를 누르세요.
Put in $2 worth of coins, and then push the switch.
풋 인 투 달러즈 월쓰 어브 코인즈 앤드 덴 푸쉬 더 스위치

쓰레기는 어떻게 처리해요?
What should I do with my garbage?
왓 슈다이 두 위드 마이 갈비지?

쓰레기는 쓰레기 수거함에 버리시면 됩니다.
Please put trash in the garbage chute.
플리즈 풋 트레쉬 인 더 갈비지 슈트

유리와 캔 종류의 쓰레기는
쓰레기 수거함 앞에 두시면 됩니다.
Leave glasses and cans
리브 글래씨즈 앤드 캔즈
in front of the garbage chute.
인 프런트 어브 더 갈비지 슈트

여기서 가장 가까운 슈퍼마켓이 어디에 있어요?
Where is the closest supermarket?
웨어리즈 더 클로지스트 슈퍼마켓?

출입문에서 바다를 향해 한 블록
떨어진 곳에 슈퍼마켓이 있습니다.
Walk one block towards the ocean,
워크 원 블락 투월즈 디 오션
after you exit.
애프터 유 엑짙.

☀ 거주자 전용 콘도는 수영장 등 시설의 사용 시간이 정해져 있다.

완벽 시뮬레이션
호텔에서 문제가 발생하면
HOTEL TROUBLE

큰 문제가 아니어도 편의시설이 부족하거나 열쇠를 잃어버리거나 방문이 안에서 잠기거나 하는 등 난처한 일은 생기게 마련이다. 그럴 때는 바로 프론트에 연락한다. 옆방의 소음이 심한 경우는 방을 바꿔달라고 요청하는 것이 좋다.

프론트에 전화하기

무엇을 도와드릴까요?
May I help you?
메이 아이 헬프 유?

방에 침대가 2개 필요하다고 말씀드렸는데요.
I requested a room with two beds.
아이 리퀘스티드 어 룸 위드 투 베즈

방 청소가 되지 않았어요.
My room isn't cleaned up.
마이 룸 이즌트 클린드 업

새 수건을 주시겠어요?
Could we have some fresh towels?
쿠드 위 해브 썸 프레쉬 타월즈?

방에 온수가 나오지 않아요.
There isn't any hot water in my room.
데얼 이즌트 애니 핫 워터 인 마이 룸

에어컨이 작동하지 않아요.
The air conditioner doesn't work.
디 에어 컨디셔너 더즌트 월크

변기 물이 내려가지 않아요.
The toilet doesn't flush.
더 타일렛 더즌트 플러시

화장실에 관련된 문제는 서둘러 연락한다. 침수가 되면 아래층에도 영향을 준다.

변기가 막혔어요.
The toilet is blocked.
더 타일렛 이즈 블락트

프론트에
전화하기

이불(담요) 하나 더 주시겠어요?
Can I have another blanket?
캐나이   해버나더   블랭킷?

제빙기는 어디에 있어요?
Where can I find an ice machine?
웨어   캐나이   파인드   언 아이스   머신?

방에 있는 커피 머신을 고장낸 것 같아요.
I'm afraid I broke the coffee machine in my room.
아임 어프레이드 아이 브로크 더   커피   머신   인 마이   룸.

화장지 (화장실 휴지)를 갖다 주세요.
Please bring me some toilet paper.
플리즈   브링   미   썸   터일렛   페이퍼

수건	샴푸	뜨거운 물	비누
towels	**shampoo**	**hot water**	**soap**
타월즈	샴푸	핟 워터	솝

지금 당장 방으로 와주세요.
Please send someone immediately.
플리즈   쎈드   썸원   이미디어트리

담당자가 곧 방으로 도착할 것입니다.
Someone will be there as soon as possible.
썸원   윌 비   데얼 애즈 쑨 애즈   파써블

프론트
에서

방 열쇠를 잃어버렸어요.
I lost my room key.
아이 러스트 마이   룸   키

룸키를 방에 두고 왔어요.
I left the key in my room.
아이 레프트 더   키   인 마이   룸

이 요금은 뭔가요?
What is this charge for?
왓   이즈 디스   차아지   포?

전화를 전혀 사용하지 않았어요.
I didn't make any phone calls.
아이 디든트   메이크   애니   폰   콜즈

어디에 문의해야 하는지 알 수 없다면 먼저 전화기의 0번을 눌러 프론트 직원에게 연락한다.

마실이의 advice

chicken이란 속어로 겁쟁이란 의미이다. 그러므로 닭튀김을 주문할 때 'I'm chicken(아임 치킨).'이라고 한다면 '난 겁쟁이에요'라고 말해버리는 셈이 된다. 'Chicken, please(치킨, 플리즈).' 'Cofffee, please(커피, 플리즈).' 'M size, please(엠 싸이즈, 플리즈).'처럼 자신이 전달하고자 하는 단어 뒤에 please를 붙여서 말하자.

문장 한국어 ≠ 영어

거짓말!	거짓말하지 마세요. (사기꾼이 아니라고 하는 의미도 있다)	Don't tell a lie. 돈트 텔 어 라이
	(농담 아니고) 정말이에요. (농담하지 말라는 말이다)	No kidding! 노 키딩!
괜찮네!	괜찮아요! (그저 그래)	It's OK! 잇츠 오케이!
	훌륭해요! 굉장해요! (대단해요란 느낌)	It's great! It's amazing! 잇츠 그레잇! 잇츠 어메이징!
약을 먹다.	약물을 마시다. (꿀꺽꿀꺽 마시는 느낌)	drink medicine. 드링크 메드쓴
	약을 복용하다. (일반적인 복용)	take medicine. 테이크 메드쓴

단어 한국어 ≠ 영어

아르바이트	→ part-time job 파트타임 잡
에어컨	→ air conditioner 에어 컨디셔너
오픈카	→ convertible car 컨버터블카
열쇠고리	→ key ring, key chain 키 링, 키 체인
소프트 아이스크림	→ soft ice cream 소프트 아이스크림
프론트	→ front desk, reception 프런트 데스크, 리셉션
일대 일 (1:1)	→ one-on-one, one-to-one 원-온-원, 원-투-원
전자레인지 (오븐)	→ microwave (oven) 마이크로웨이브 (오븐)

한국식 영어를 조심하자!

영포자 **여행 영어** for Hawaii

TRAVEL

P. 164   기내, 공항

P. 170   공항에서 시내로

P. 172   THE BUS

P. 174   와이키키 트롤리

P. 176   렌터카

P. 182   택시

P. 184   우체국

P. 186   와이파이 대여

P. 188   환전

P. 190   긴급상황 발생 시 사용하는 문장

완벽 시뮬레이션
기내 _{ON BOARD}

기내

제 좌석이 어디인가요?
Where is my seat?
웨어리즈 마이 씻?

가방을 짐칸(기내 머리 위에 있는 선반)에 넣는 것을 도와주시겠어요?
Could you help me put my baggage up in the overhead bin?
쿠쥬 헬프 미 풋 마이 배기지 업
인 디 오버헤드 빈?

화장실이 어디 있어요?
Where is the bathroom?
웨어리즈 더 배쓰룸?

담요(블랭킷)를 갖다 주세요.
Please give me a blanket.
플리즈 기브 미 어 블랭킷

베개	잡지	신문	헤드폰
pillow	**magazine**	**newspaper**	**headset**
필로우	매거진	뉴즈페이퍼	헤드셋

추워요(더워요).
It's cold (hot).
잇츠 콜드 (핫)

멀미를 해요.
I have motion sickness.
아이 해브 모션 씩니쓰

좌석을 바꿔도 될까요?
Can I change seats?
캐나이 체인지 씻츠?

식사 시간에 깨우지 말아주세요.
Please don't wake me up for meals.
플리즈 돈트 웨이크 미 업 포어 밀즈

영포자 **여행 영어** for Hawaii

기내

기내식을 주시겠어요?
Can I have my meal, please?
캐나이 해브 마이 밀, 플리즈?

오렌지주스를 주시겠어요?
Can I have orange juice?
캐나이 해브 오렌지 쥬스?

콜라	녹차	물	맥주	와인
coke	green tea	water	beer	wine
코크	그린 티	워터	비어	와인

커피를 주시겠어요?
Can I have some coffee, please?
캐나이 해브 썸 커피, 플리즈?

우유를 넣은 커피(설탕을 넣은 커피)
coffee with milk (sugar)
커피 위드 밀크 (슈거)

이것을 치워주세요.
Please take this away.
플리즈 테이크 디스 어웨이

이것으로 할게요.
I'd like to have this, please.
아이드 라익 투 해브 디스, 플리즈

카탈로그를 보여주며

현금으로 결제할게요.
I'll pay cash.
아일 페이 캐쉬

실례합니다. 여기는 제 자리인데요.
Excuse me. You are in my seat.
익스큐즈 미, 유 알 인 마이 씻

의자 등받이를 움직여도 될까요?
May I move my seat back?
메이 아이 무브 마이 씻 백?

기내 방송

좌석벨트를 매주십시오.
Please fasten your seat belt.
플리즈 패슨 유어 씻 벨트

자리에 앉아 주십시오.
Please sit down.
플리즈 씻 다운

등받이(테이블)를 제자리로 당겨주십시오.
Please put your seat (table) back.
플리즈 풋 유어 씻 (테이블) 백

🔸 미국 항공사는 알코올 음료가 유료다.

TRAVEL | 165

완벽 시뮬레이션
공항 입국

ENTRY

입국 심사

입국 카드와 여권을 준비

여권을 보여주세요.
Passport, please.
패스포트 플리즈

어떤 일로 방문하셨습니까?
What is the purpose of your visit?
왓 이즈 더 펄포즈 어브 유어 비짓?

관광이요.
Sightseeing.
싸이트씨잉

얼마나 머무실 겁니까?
How long will you be staying?
하우 롱 윌 유 비 스테잉?

육 일이요.
6 days.
씩스 데이즈

오일	일주일	한 달
5 days	**One week**	**One month**
화이브 데이즈	원 위크	원 먼쓰

오른쪽 엄지는 여기에 놓고,
나머지 손가락은 그대로 두세요.
Put your right thumb here, then the other fingers.
풋 유어 라이트 떰 히어, 덴 디 아더 휭거즈

미국입국 시에는 지문인식과 얼굴인식을 해야 한다.

이 카메라를 보세요.
Look at this camera.
룩 앳 디스 캐머러

수하물 카트는 어디에 있어요?
Where can I find a baggage cart?
웨어 캐나이 파인드 어 배기지 카트?

수하물 수령

짐은 어디에서 찾아요?
Where can I pick up my baggage?
웨어 캐나이 픽 업 마이 배기지?

제 짐이 보이지 않아요.
I can't find my baggage.
아이 캔트 파인드 마이 배기지

수화물표를 보여주십시오.
Show me your baggage claim.
쇼우 미 유어 배기지 클레임

짐을 찾으면 제가 묵고 있는 호텔로 보내주시겠어요?
Will you deliver it to my hotel when it's found?
윌 유 딜리버 잍 투 마이 호텔 웬 잍츠 화운드?

여행 가방이 망가졌는데요.
My suitcase is damaged.
마이 수트케이스 이즈 데미지드

세관 검사

보통 수하물을 수령하고 출구 근처에 서 있는 세관직원에게 세관신고서를 건네면 된다. 붙잡는 경우는 거의 없다.

이 물건들은 무엇입니까?
What are these?
왓 알 디즈?

친구들을 위한 선물인데요.
These are gifts for my friends.
디즈 알 기프츠 포어 마이 프렌즈

한국 간식이에요.
These are Korean snacks.
디즈 알 코리언 스낵스

출구가 어디죠?
Where should I exit?
웨어 슈다이 엑싵?

택시 정류장이 어디에 있어요?
Where can I get a taxi?
웨어 캐나이 게더 택시?

하와이의 다른 섬으로 가는 경우는 세관 검사 후 카운터에서 'Transit(트랜짓)'이라고 말하고 짐을 맡기자.

완벽 시뮬레이션
공항 출국

 DEPARTURE

체크인

먼저 체크인 카운터에서 티켓과 여권을 제시한다.

창가 쪽(통로 쪽) 자리로 주세요.
I'd like to have a window (an aisle) seat.
아이드 라잌 투   해버   윈도우   (언 아일)   씻

친구와 나란히 같이 앉게 해주세요.
I'd like to sit next to my friend, please.
아이드 라잌 투 씻 넥스투   마이 프렌드   플리즈

시간이 별로 없어요. 비행기가 곧 이륙해요!
I don't have time. My flight is leaving soon!
아이 돈트 해브 타임. 마이 플라이트 이즈 리빙   쑨!

비행기 시간을 바꾸고 싶은데요.
I'd like to change my flight.
아이드 라잌 투   체인지   마이 플라이트

비행기가 정시에 이륙하나요?
Is this flight leaving on time?
이즈 디스 플라이트   리빙 온 타임?

(이륙 시간이) 얼마나 더 늦어지나요?
How late will it be?
하우 레이트 윌 잍 비?

수하물
위탁

짐 안에 전기장치 또는 인화성 가스가
들어있는 물건이 있습니까?
Do you have any electronics or anything
두 유   해브 애니   일렉트로닉스 오어   애니띵
containing flammable gas in your luggage?
컨테이닝   플래머블   개스 인 유어   러기지?

짐 안에 깨지기 쉬운 물건이 있어요.
There are fragile items inside.
데어라   프래질   아이텀즈 인싸이드

짐 안에 깨질 만한 물건은 없어요.
There are no fragile items inside.
데어라 노 프래질   아이텀즈 인싸이드

수하물 위탁

'취급주의(깨지기 쉬움)' 스티커를 붙여주세요.
Please put a fragile sticker on the luggage.
플리즈 풋 어 프래질 스티커 온 더 러기지

이 가방은 가지고 탑승하실 수 없습니다.
You can't carry this bag on board.
유 캔트 캐리 디스 백 온 보오드

가방을 열어서 짐을 꺼내도 되나요?
Can I open my luggage?
캐나이 오픈 마이 러기지?

추가 비용이 발생합니다.
That costs extra.
댓 코스츠 엑스트라

수하물 중량제한		
대한항공, 아시아나항공	23kg, 개수 2개까지 무료	※2017년 5월 시점 기준. 이코노미 클래스의 경우이다. 최신 규정이나 초과 요금에 관한 것은 각 항공사에 문의하자.
델타	23kg, 개수 2개까지 무료	
JAL	23kg, 개수 2개까지 무료	
하와이안	23kg, 개수 1개까지 무료	

얼마예요?
How much is it?
하우 머치 이짙?

이 출국장(게이트)은 어디에 있나요?
Where is this gate?
웨어리즈 디스 게이트?

면세점이 어디에 있나요?
Where is the duty-free shop?
웨어리즈 더 듀티-프리 샵?

▲ 안내말씀 드립니다. 인천행 대한항공(또는 아시아나 항공) 100편이 탑승 중에 있으니, 승객 여러분께서는 게이트로 오시기 바랍니다.
Attention please. Departing passengers on Korean Airlines
어텐션 플리즈 디팔팅 패씬저즈 온 코리언 에얼라인즈
(Asiana Airlines) flight 100 for Incheon are now boarding.
(에이지아나 에얼라인즈) 플라이트 원 헌드레드 포어 인천 알 나우 보딩

☀ 액체나 크림은 소지할 수 있는 양이 정해져 있으니 주의한다.

TRAVEL | 169

완벽 시뮬레이션
공항에서 시내로

AIRPORT TRANSPORTATION

공항에서 와이키키까지는 20~30분이 소요된다. 이동 수단으로는 호텔 전용 셔틀버스, 이용객의 숙박 호텔을 순환하는 스피디 셔틀, 렌터카, 택시가 일반적이다. 또한 택시 중에는 29달러 정액 요금으로 운행하는 찰리즈 택시도 있다.

공항

와이키키행 셔틀버스는 어디에서 탈 수 있어요?
Where can I take the shuttle bus to Waikiki?
웨어 캐나이 테이크 더 셔틀 버스 투 와이키키?

길을 건너서 오른쪽으로 가시면 됩니다.
Cross the street and go to the right.
크로쓰 더 스트릿 앤드 고 투 더 라이트

OO 호텔까지 가고 싶은데요. 요금이 얼마나 나올까요?
I'd like to go to OO Hotel. How much will it be?
아이드 라잌 투 고 투 OO 호텔. 하우 머치 윌 잍 비?

일인당 15달러 입니다.
It's $15 per person.
잍츠 휘프틴 달러즈 퍼 퍼슨

어디에서 돈을 내죠?
Where can I pay?
웨어 캐나이 페이?

여기서 지불하시면 됩니다.
You can pay here.
유 캔 페이 히어

기사에게 직접 내시면 됩니다.
You can pay the driver.
유 캔 페이 더 드라이버

OO 호텔까지 얼마나 걸릴까요?
How long does it take to OO Hotel?
하우 롱 더즈 잍 테이크 투 OO 호텔?

셔틀 버스

○○ 호텔이 세 번째 정거장이니까, 약 40분 걸립니다.
OO Hotel is our third stop,
∞　호텔　이즈 아워　떨드 스탑,
so it'll take about 40 minutes.
쏘 이들　테이커바웃　포얼티 미니츠.

 공항까지 가는 셔틀버스를 예약하고 싶은데요.
I'd like to book a seat for the shuttle bus
아이드 라잌 투　부커　씻 포어 더　셔틀　버스
to the airport.
투 디　에어포트.

예약 가능합니다. 몇시 비행기를 타시나요?
I'll book it for you. What time is your flight?
아일 북 잍 포어 유.　왓　타임 이즈 유어　플라이트?

 빈 자리에 앉으면 되나요?
Can I sit anywhere?
캐나이 씻　애니웨어?

네, 그렇습니다.
Yes, you can.
예스 유 캔.

공항

 택시정류장이 어디에요?
Where can I get a taxi?
웨어　캐나이　게더　택시?

여기서 직진으로 가서,
배차원에게 가려고 하는 숙소를 말씀하세요.
Go straight here and tell the dispatcher
고　스트레이트 히어 앤드 텔 더　디스패처
where you're staying.
웨어　유얼　스테잉.

 렌터카 사무실까지 가는 셔틀버스는 어디에서 탈 수 있어요?
Where can I get the shuttle bus to the rent-a-car?
웨어 캐나이 겟 더 셔틀 버스 투 더 렌터카?

길을 건너서 셔틀버스를 기다리세요.
Cross the street and wait for the shuttle bus.
크로쓰 더 스트릿 앤드 웨잍 포어 더 셔틀 버스.

※ 공항에서 시내로 가는 THE BUS도 있지만 큰 짐은 들어갈 수 없으니 주의한다.

TRAVEL | 171

완벽 시뮬레이션
THE BUS
THE BUS

100개 이상의 노선을 가지고 오아후 섬 내를 연결하고 있어 관광에도 편리한 THE BUS(더 버스), 섬 내부에서는 일괄 요금으로 요금은 선불이다. 다른 노선으로 환승하는 경우는 두 번만 추가 요금 없이 환승이 가능하다. 환승할 때 운전 기사에게 환승 티켓 받는 것을 잊지 말자.

버스 타기

O번 버스 정거장이 어디 있는지 아세요?
Could you tell me where the bus stop for #O bus is?
쿠쥬 텔 미 웨어 더 버스탑 포어 넘버 O 버스 이즈?

알라모아나로 가는 버스를 여기서 타는 게 맞아요?
Is this the right direction for the buses
이즈 디스 더 라이트 디렉션 포어 더 버시즈
towards Ala Moana?
투월즈 알라모아나?

네, 맞습니다.
Yes, it is.
예스, 잍 이즈

아니요, 반대편에서 타셔야 합니다.
No, it's the opposite side.
노 잍츠 디 아퍼짙 싸이드

버스가 몇 분 간격으로 오는지 아세요?
Do you know how often the bus comes?
두 유 노우 하우 어픈 더 버스 컴즈?

10여 분마다 올 겁니다.
I think it's about every 10 minutes.
아이 띵크 잍처바웃 에브리 텐 미니츠

승차

요금은 어디에 내나요?
Where do I put the money?
웨어 두 아이 풋 더 머니?

거스름돈이 나오지 않으니
딱 맞는 금액을 준비하자.

요금은 여기에 두세요.
Please put it in here.
플리즈 풋 잍 인 히어

승차

○○○○에 가려면 언제 내려야 하는지 알려주세요.
Please tell me when to get off for ○○○○.
플리즈 텔 미 웬 투 겟 오프 포어 ○○○○

알겠습니다.
Okay.
오케이

이번이 ○○○○입니다!
This is ○○○○!
디스 이즈 ○○○○!

하차

고맙습니다. 다음 정거장에서 내릴게요.
Thank you. I will get off at the next stop.
땡큐. 아이 윌 겟 오프 앳 더 넥스트 스탑

버스에서 하차하겠다는 신호는 하차 버튼을 누르거나 창가에 있는 하차 로프를 당기면 된다.

□□□□에 가고 싶은데요.
I want to go to □□□□.
아이 원 투 고 투 □□□□

이 버스는 거기로 가지 않습니다.
This bus does not go there.
디스 버스 더즈 낫 고 데얼

알라모아나 센터에서 O 버스로 갈아타셔야 합니다.
You need to transfer to the O bus at the Ala Moana center.
유 니드 투 트랜스퍼 투 더 O 버스 앳 더 알라 모아나 센터

환승표를 주시겠어요?
Can I have a transfer ticket please?
캐나이 해버 트랜스퍼 티켓 플리즈?

여기 있습니다.
Here you go.
히어 유 고

이 환승표로 이 버스를 탈 수 있나요?
Can I take this bus with this transfer ticket?
캐나이 테이크 디스 버스 위드 디스 트랜스퍼 티켓?

네, 가능합니다.
Yes, you can.
예스 유 캔

아니요, 돌아올 때는 사용할 수 없습니다.
No, you can't use it for the return trip.
노 유 캔트 유즈 잇 포어 더 리턴 트립

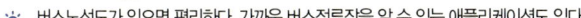

버스노선도가 있으면 편리하다. 가까운 버스정류장을 알 수 있는 애플리케이션도 있다.

TRAVEL | 173

완벽 시뮬레이션
와이키키 트롤리 TROLLY

와이키키 트롤리는 로얄 하와이안 센터를 기점으로 코스트라인을 즐길 수 있는 블루 라인, 다이아몬드 햇이나 카할라몰에 가기에 편리한 그린 라인, 관광 명소를 도는 레드 라인, 알라모아나에 가는 핑크 라인이 있다. 경비를 줄일 수 있는 경제적인 무한 승차 티켓도 있다.

매표소

어디에서 트롤리 티켓을 살 수 있어요?
Where can I buy a trolley ticket?
웨어 캐나이 바이 어 트롤리 티켓?

T 갤러리아의 매표소에서 구입할 수 있습니다.
You can buy one at the ticket booth in T Galleria.
유 캔 바이 원 앹 더 티켓 부쓰 인 티 갤러리아

지금 티켓을 살 수 있나요?
Can I get a ticket?
캐나이 게더 티켓?

4개 노선을 모두 이용할 수 있는 원데이 패스로 구입하시겠습니까, 아니면 각 라인별 원데이 패스로 구입하시겠습니까?
Would you like a 1 Day Pass for all four lines,
우쥬 라이커 원 데이 패쓰 포어 올 포얼 라인즈

or a 1 Day Pass for each line?
오어러 원 데이 패쓰 포어 이치 라인?

트롤리는 얼마나 자주 오나요?
How often does the trolley run?
하우 어픈 더즈 더 트롤리 런?

노선 별로 다릅니다. 티켓 안내소에서 확인해 보세요.
It depends on the line.
잍 디펜즈 온 더 라인

Please check at the ticket stand.
플리즈 체크 앹 더 티켓 스탠드

네 개 노선을 모두 이용할 수 있는
원데이 패스 두 장 주시겠어요?
Can I have two 1 Day Passes for all four lines?
캐나이 해브 투 원 데이 패쓰즈 포어 올 포얼 라인즈?

매표소

안내 지도를 주시겠어요?
Can I have a guide map?
캐나이 해버 가이드 맵?

안녕하세요.
Hello.
헬로

카메하메하 대왕 동상에 가나요?
Do you go to the King Kamehameha statue?
두 유 고 투 더 킹 카메하메하 스태츄?

네, 갑니다. | 가지 않습니다, 레드 라인을 타세요.
Yes, we do. | No, you should take the red line.
예스 위 두 | 노 유 슈드 테이크 더 레드 라인

내려야 할 때를 가르쳐주시겠어요?
Will you let me know when we get there?
윌 유 렛 미 노우 웬 위 겟 데얼?

네.
Okay.
오케이

여기서 가장 가까운 정류장이 어디에 있어요?
Where is the nearest stop from here?
웨어리즈 더 니어리스트 스탑 프럼 히어?

이 건물 바로 바깥에 있습니다.
It's right outside this building.
잍츠 라이트 아웃싸이드 디스 빌딩

주요 루트

핑크 라인 와이키키와 알라모아나 센터를 연결한다. 쇼핑을 즐기기 위한 최적의 노선
레드 라인 호놀룰루의 역사적인 명소나 다운타운을 순회한다. 역사 관광 코스
그린 라인 자연의 풍요로움을 만끽할 수 있는 다이아몬드 헷 주변 관광 명소를 순회하는 루트
블루 라인 와이키키를 벗어나 오아후 섬의 동해안을 따라 달리는 투어 코스

정류장 안내 등 차량 방송은 영어로 하므로 걱정된다면 한국어로 번역된 노선도를 가지고 있자.

TRAVEL | 175

완벽 시뮬레이션
렌터카 RENTAL CAR

공항에도 각 렌터카 회사의 카운터가 있지만 사전에 인터넷 등을 통해 예약해 두는 것이 여행을 원활하게 한다. 요금에 있어 득이 되는 경우도 있다. 해외에서는 생각지도 못한 사고가 생길 수도 있고 사후 대응도 매우 번거로우므로 보험은 종합보장으로 들어두는 것이 안전하다.

❀ 예약한 경우 ❀

창구

한국에서 예약을 했습니다.
예약자는 '김영희'입니다. 예약 확인증이 있어요.
I made a reservation in Korea.
아이 메더 레저베이션 인 코리아
My name is Yeong-hee Kim. I have the voucher.
마이 네임 이즈 영희 킴 아이 해브 더 바우처

중형차로 예약하셨나요?
Is it a middle size car?
이짙 어 미들 싸이즈 카?

10달러를 추가로 내시면 더 큰 차로 업그레이드가 가능합니다. 업그레이드를 하시겠습니까?
We can upgrade your car to bigger size
위 캔 업그레이드 유어 카 투 비거 싸이즈
for an additional $10. Would you like to do that?
포런 어디셔널 텐 달러즈 우쥬 라이크 투 두 댓?

아니요, 괜찮아요.
No, I'm fine as it is.
노 아임 파인 애짙 이즈

네, 업그레이드 해주세요.
Yes, I'd like an upgrade, please.
예스 아이드 라이크 언 업그레이드 플리즈

신용카드와 면허증을 주시겠습니까?
May I have your credit card and driver's license?
메이 아이 해브 유어 크레딧 카드 앤드 드라이버즈 라이썬스?

☀ 보증금을 지불해야 하므로 신용카드가 필요하다.

창구

보험에 가입하시겠습니까?
Do you want any insurance coverage?
두 유 원트 애니 인슈어런스 커버리지?

종합보험으로 들어 주세요.
I'd like full coverage.
아이드 라이크 풀 커버리지

보험의 종류
P.179

한국에서 예약할 때 어떤 보험에 들어야 하는지 확인해두자.

이 비용을 포함해 주세요.
Please include these charges.
플리즈 인클루드 디즈 차알지즈

연료비는 어떻게 지불하시겠습니까? 차량을 반납할 때 연료를 가득 채우거나 또는 연료비를 따로 지불하시면 됩니다.
How about gasoline? You can return the car with a
하우 어바웃 개솔린? 유 캔 리턴 더 카 위더
full tank of gas, or pay the gasoline fee.
풀 탱크 어브 개스, 오어 페이 더 개솔린 피

연료를 가득 채워서 반납할게요.
I'll return it full.
아일 리턴 잇 풀

연료비를 지불할게요.
I'll pay the gas fee.
아일 페이 더 개스 피

탱크 가솔린을 구입하는 시스템은 반납할 때 연료를 가득 채워 반환하지 않아도 된다. 통상적인 가솔린 요금보다 낮게 설정되어 있지만 스케줄을 고려해서 선택하는 게 좋다.

여기 계약서가 있습니다. 여기와 여기에 이니셜 서명을 하시고, 여기에는 서명해 주십시오.
This is the contract. Please write your initials
디스 이즈 더 컨트랙트. 플리즈 라이트 유어 이니셜즈
here and here, and sign here.
히어 앤드 히어, 앤드 싸인 히어

차량에 GPS 내비게이션 장치를 추가로 장착하시겠습니까?
Would you like to add
우쥬 라이크 투 애드
a GPS navigation system to your car?
어 지피에스 내비게이션 씨스템 투 유어 카?

얼마인가요?
How much will it be?
하우 머치 윌 잇 비?

하루에 11달러 99센트 입니다.
It's $11.99 per day.
잇츠 일레븐 닷 나인티나인 달러즈 퍼 데이

🐾 가솔린은 갤런으로 표시한다. 1갤런은 약 4리터

TRAVEL | 177

🌸 예약하지 않은 경우 🌸

 창구

오늘 차를 빌리고 싶은데요.
I'd like to rent a car today.
아이드 라잌 투 렌트 어 카 투데이

하루 단위로 렌트하시겠습니까, 아니면 시간 단위로 렌트하시겠습니까?
Would you like to rent a car by the day or the hour?
우쥬 라잌 투 렌트 어 카 바이 더 데이 오어 디 아워?

각각 비용이 얼마예요?
How much are the rates?
하우 머치 알 더 레이츠?

하루 단위는 1일마다 50달러이고, 시간 단위는 한 시간마다 8달러입니다.
$50 per day and $8 per hour.
휘프티 달러즈 퍼 데이 앤드 에잍 달러즈 퍼 아워

보험료가 포함된 가격인가요?
Does it include insurance?
더즐 인클루드 인슈어런스?

네, 포함되어 있습니다.	아니요, 포함되어 있지 않습니다.
Yes, it does.	No, it doesn't.
예스 잍 더즈	노 잍 더즌트

차를 공항에서 반납할 수 있나요?
Can I drop off the car at the airport?
캐나이 드랍 오프 더 카 앹 디 에어포트?

죄송합니다, 공항에서는 반납할 수 없습니다.
No, I'm afraid you can't.
노 아임 어프레이드 유 캔트

공항에서 빌린 차량을 반납해도 되지만, 추가 비용으로 20달러를 지불해야 합니다.
You could drop off the car at the airport
유 쿠드 드랍 오프 더 카 앹 디 에어포트
but you have to pay an additional $20 for that.
벗 유 해브 투 페이 언 어디셔널 트웬티 달러즈 포어 댓

종합보험으로 해주세요.
Full coverage please

ALOHA

무엇이 필요한지 알아두자!
다양한 렌터카 보험

만의 하나라도 발생할 수 있는 사고를 대비해 보험은 꼭 필요하다. 계약 시 보험을 약칭으로 부르는 경우가 많으니 알아두는 것이 안전하다. 보험의 이름은 렌터카 회사에서 사용하는 것도 있지만 내용은 거의 비슷하다.

강제보험 | 한국의 자체배상책임에 해당하는 강제보험

LP(Liability Protection) : 자동차 손해배상책임 보험
한국의 자체배상책임에 해당하는 강제보험. 렌터카를 대여할 때 반드시 따라오는 것으로 보통 렌터카 요금에 포함되어 있다. 보상 금액은 높지 않다.

임의보험 | 강제성은 없지만 가입을 권장한다.

LDW, CDW(Loss Damage Waiver) : 자동차 손해보상제도
렌터카의 도난이나 사고 등 손해가 발생한 경우에 그 수리 대금을 면제해주는 보험제도

PAI(Personal Accident Insurance) : 탑승자 손해보험
계약자(운전자) 또는 동승자가 사고에 의해 부상, 사망한 경우에 받는 보험

PEC(Personal Effects Coverage) : 소지품보험
렌터카 차내에서의 소지품의 도난, 천재지변으로 인한 손해를 보상한다.
현금은 대상에서 제외된다. PAI와 세트로 가입한다.

SLI, LIS, EP(supplemental Liability Insurance) : 추가자동차손해배상책임보험
LP의 보상금액이 적으므로 그 보상제도를 인상시키는 추가 보험

UMP(Underinsured Motorist Protection) : 보험 미가입자에 대한 손해보험
보험 미가입자가 차량의 소유자이거나 운전자의 사고로 피해를 입은 경우에 신체상의 상해를 보상하는 보험

렌터카 보험보상조견표

	사람에 대해	물건에 대해	차량손해	탑승자	휴대물품	기타
LP	○	○				
LDW, CDW			○			
PAI				○		
PEC					○	
SLI, LIS, EP						LP를 증액
UMP						무담보차량과의 사고

※ 여행객이 몰릴 때는 원하는 차량을 고를 수 없는 경우도 있으니 한국에서 예약해두는 것이 좋다.

🌸 가솔린 주입 🌸

주유소

차에 기름을 넣는 방법을 알려주시겠어요?
Could you show me how to fill the tank?
쿠쥬 쇼우 미 하우 투 필 더 탱크?

12번 펌프예요. 가득 채워 주세요.
Pump 12. I'll fill it up.
펌프 트웰브. 아일 필 잇 업.

선불입니다.
Please pay in advance.
플리즈 페이 인 어드밴스.

현금으로 계산할게요. 여기 50달러입니다.
I want to pay in cash. Here's $50.
아이 원투 페이 인 캐쉬. 히어즈 휘프티 달러즈.

주유하기 전에 선금을 보증금으로 지불하는 시스템이다.

12번 펌프예요. 주유를 다 했어요.
Pump 12. I finished filling up the tank.
펌프 트웰브. 아이 피니시트 필링 업 더 탱크.

48달러입니다. 잔돈은 여기 있습니다.
It's $48. Here's your change.
잇츠 포얼티 에일 달러즈. 히어즈 유어 체인지.

12번 펌프예요.
휘발유 20달러어치 주유해 주세요.
Pump 12. I'd like $20 of gas.
펌프 트웰브. 아이드 라잌 트웬티 달러즈 어브 개스.

알겠습니다.
Sure.
슈어.

영수증 주시겠어요?
Can I have a receipt?
캐나이 해버 리시트?

여기 있습니다.
Here you go.
히어 유 고.

신용카드로 지불하는 경우는 창구에 가지 않고 기계에 신용카드를 넣으면 된다.

🌸 문제 발생 시 🌸

도로에서

당신이 제 차를 파손시켰어요.
You damaged my car.
유 데미지드 마이 카

사고가 일어난 경우에는 당사자들끼리 해결하려 하지 말고 반드시 경찰과 렌터카 업체로 연락한다.

제가 벽을 긁었어요.
I scratched the wall.
아이 스크래치트 더 월

연료가 다 떨어져서 차가 멈췄어요.
My car stopped because I ran out of gas.
마이 카 스탑트 비커즈 아이 랜 아웃 어브 개스

엔진에서 이상한 냄새가 나요.
A strange smell came from the engine.
어 스트레인지 스멜 케임 프럼 디 엔진

차에서 이상한 소리가 났어요.
I heard a strange noise from the car.
아이 헐드 어 스트레인지 노이즈 프럼 더 카

타이어가 펑크 났어요.
I've got a flat.
아이브 가더 플랫

차 문이 잠겨서 열리지 않아요.
I locked myself out of the car.
아이 락트 마이셀프 아웃 어브 더 카

GPS를 도난 당했어요!
The GPS was stolen!
더 지피에스 워즈 스톨른!

응급전화(911)를 해주세요!
Call 911!
콜 나인원원!

이 사람이 갑자기 뛰어들었어요.
This person came out of nowhere.
디스 퍼슨 케임 아웃 어브 노웨어

신호등이 분명히 녹색이었어요.
The signal was definitely green.
더 씨그널 워즈 데피너틀리 그린

저는 잘못한 게 전혀 없어요.
It was totally not my fault.
잍 워즈 토우털리 낫 마이 펄트

TRAVEL | 181

완벽 시뮬레이션
택시 TAXI

하와이에서는 길에 지나가는 빈택시를 찾기 힘들다. 호텔 등에 마련된 택시승강장에서 타거나 전화로 콜택시를 부르는 것이 일반적이다.
한국처럼 문은 손님이 수동으로 열어야 한다. 영어로 말하는 것이 자신 없다면 목적지를 쓴 메모지를 미리 준비했다가 보여주어도 좋다.

택시 부르기

택시를 불러 주시겠어요?
Could you call a taxi for me?
쿠쥬 콜 어 택시 포어 미?

어디로 가십니까?
Where do you want to go?
웨어 두 유 원투 고?

승차

○○ 레스토랑 으로 가주세요.
To OO Restaurant, please.
투 ○○ 레스토랑, 플리즈.

호텔	공항	쇼핑센터
hotel	**airport**	**shopping center**
호텔	에어포트	샤핑 센터

여기 이 주소로 가주세요.
This is the address.
디스 이즈 디   어드레쓰

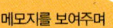 메모지를 보여주며

시간이 얼마나 걸릴까요?
How long does it take to get there?
하우 롱   더즈 테이크 투 겟 데얼?

요금이 얼마나 나올까요?
How much will it be?
하우 머치 윌 일 비?

빨리 가주시겠어요?
Could you please hurry?
쿠쥬   플리즈   허리?

승차

조금 천천히 가주세요.
Please drive more slowly.
플리즈 드라이브 모어 슬로울리

미터기를 켜주세요.
Please start the meter.
플리즈 스타트 더 미터

차가 많이 막히네요. 여기서 내려도 될까요?
Traffic is so heavy. Can I get out here?
트래픽 이즈 쏘 헤비. 캐나이 게다웃 히어?

길 한쪽에 차를 세워 주시겠어요?
Could you pull over here?
쿠쥬 풀 오버 히어?

요금
지불

신용카드로 결제해도 될까요?
Do you take credit cards?
두 유 테이크 크레딧 카즈?

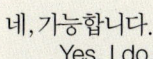

네, 가능합니다.   아니요, 신용카드로 결제할 수 없습니다.
Yes, I do.   No, I'm afraid not.
예스, 아이 두   노, 아임 어프레이드 낫

영수증 주시겠어요?
Can I have a receipt?
캐나이 해버 리시트?

택시의 팁은 10~15%, 짐을 오르내려주는 경우 1개당 1달러를 준다.

요금이 미터기 요금과 다른데요.
That price is different from the meter.
댓 프라이스 이즈 디퍼런트 프럼 더 미터

거스름돈을 잘못 주셨어요.
I did not get the right change.
아이 디드 낫 겟 더 라이트 체인지

20달러 여기 있어요.
Take $20, please.
테이크 트웬티 달러즈 플리즈

잔돈은 가지세요.
Keep the change.
킵 더 체인지

일행이 많다면 조금은 고가의 리무진 전세도 추천한다.

완벽 시뮬레이션
우체국  POST OFFICE

국제 우편으로 짐을 보내는 방법은 여러 가지지만 같은 중량이라면 우편으로 보내는 것이 요금이 저렴해서 좋다. 소포 박스나 봉투도 판매하고 있으니 짐이 무거워지면 우체국을 이용해 보자. 여행객들이 편리하게 이용할 수 있는 우체국은 와이키키와 알라모아나 센터 내에 있다.

창구

 한국에 이것을 EMS로 보내고 싶은데요.
I'd like to send this to Korea by EMS.
아이드 라잌 투 쎈드 디스 투 코리아 바이 이엠에쓰

EMS란 국제특급우편 (Express Mail Service)의 약칭이다.

국제 소포로
by international parcel post
바이   인터내셔널   파쓸   포스트

항공 우편으로
by airmail
바이   에어메일

선박 우편으로
by sea mail
바이 씨 메일

이 양식을 작성해주십시오.
Fill out this form, please.
필 아웃 디스 폼, 플리즈

상자도 판매하세요?
Can I get a box?
캐나이 게더 박쓰?

어떤 크기의 상자가 필요하십니까?
What size do you need?
왓 싸이즈 두 유 니드?

 O호 크기의 상자 있나요?
Can I have a size O?
캐나이 해버 싸이즈 O?

1호 size one 싸이즈 원	2호 size two 싸이즈 투
3호 size three 싸이즈 뜨리	4호 size four 싸이즈 포얼
5호 size five 싸이즈 화이브	6호 size six 싸이즈 씩스

창구

내용물이 무엇입니까?
What is the content of this package?
왓 이즈 더 컨텐트 어브 디스 패키지?

기념품 이에요.
It's a souvenir.
잍처 수브니어

CD	음식	옷	화장품
CDs	food	clothes	cosmetics
씨디즈	푸드	클로드즈	코스메틱스

10달러입니다.
It's $10.
잍츠 텐 달러즈

한국에 도착하려면 며칠 걸릴까요?
How long will it take this package to reach Korea?
하우 롱 윌 잍 테이크 디스 패키지 투 리치 코리아?

이삼 일 정도 걸립니다.
It'll take two or three days.
이들 테이크 투 오어 뜨리 데이즈

사오일	약 일주일
four or five days	about a week
포얼 오어 화이브 데이즈	어바웃 어 위크

이주 이상
more than two weeks
모어 덴 투 윅스

요금은 얼마예요?
What is the postage?
왓 이즈 더 포스티지?

15달러입니다.
It's $15.
잍츠 휘프틴 달러즈

편지를 보낼 때 우표는 자동판매기에서도 살 수 있다.

TRAVEL

완벽 시뮬레이션
와이파이 대여 WI-FI

우리 나라처럼 길거리에서도 무료 와이파이가 쉽게 연결된다.
다만 보안문제를 고려한다면 와이파이를 대여하는 것이 안전하다. 하와이에도 대여 회사가 많으니 라우터가 필요하다면 빌리도록 하자. 귀국일자에 공항에서 반납하는 서비스도 있어 편리하다.

대여

> 와이파이 장치를 빌리고 싶은데요.
> I'd like to rent a Wi-Fi.
> 아이드 라잌 투 렌트 어 와이-파이

> 여권과 신용카드를 보여주시기 바랍니다.
> I will need to see you passport and a credit card, please.
> 아이 윌 니드 투 씨 유 패스포트 앤더 크레딧 카드, 플리즈

> 이 서류를 작성해 주십시오.
> Fill out this form, please.
> 필 아웃 디스 폼, 플리즈

> 와이파이 장치는 언제 반납하시겠습니까?
> What day will you return the Wi-Fi?
> 왓 데이 윌 유 리턴 더 와이-파이?

> 10일째 되는 날에 반납할게요.
> I'll return it on the 10th.
> 아일 리턴 이돈 더 텐뜨

한국에서도 예약할 수 있는 경우가 있으니 대여 회사 사이트를 확인해 보자.

> 이 카운터로 반납하시면 됩니다.
> Please return it to this counter.
> 플리즈 리턴 잍 투 디스 카운터

> 요금은 후불입니다.
> Please pay later.
> 플리즈 페이 레이터

> 여기에 서명해 주시겠습니까?
> Could you sign here?
> 쿠쥬 싸인 히어?

대여

연결상태를 확인해 보십시오.
Please check the connection.
플리즈 체크 더 커넥션

연결됐어요.
I was able to connect.
아이 워즈 에이블 투 커넥트

연결이 안 되는데요.
I'm not able to connect.
아임 낫 에이블 투 커넥트

사용 방법을 알려주시겠어요?
Could you tell me how to use it?
쿠쥬 텔 미 하우 투 유즈 잍?

반납

안녕하세요.
Hello.
헬로

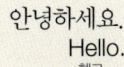

와이파이 장치를 반납하려고요.
I'd like to return this Wi-Fi.
아이드 라잌 투 리턴 디스 와이-파이

대여료는 15달러입니다.
The rental fee is $15.
더 렌틀 피 이즈 휘프틴 달러즈

현금으로 지불해도 될까요?
Can I pay with cash?
캐나이 페이 위드 캐쉬?

죄송합니다. 신용카드 결제만 가능합니다.
Sorry. Only credit card.
쏘리. 온니 크레딧 카드

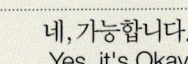

네, 가능합니다.
Yes, it's Okay.
예스, 잍츠 오케이

영수증 여기 있습니다.
Here is your receipt.
히어 이즈 유어 리시트

※ 반납 시간을 문의하고 싶을 때는 'When do I to return?(웬 두 아이 투 리턴?)'이라고 한다.

완벽 시뮬레이션
환전 <u>EXCHANGE</u>

원화에서 달러로, 달러에서 원화로 환전하는 것은 은행이나 와이키키에 있는 환전소, 호텔 프론트 등에서 할 수 있다. 수수료나 환율이 다르므로 확인해두자. 은행의 경우, 환율은 좋지만 영업 시간이 제한되어 있다. 거리에 있는 환전소는 비율이나 수수료가 다르므로 확인 후 환전하자.

❀ 외화 환전 ❀

은행

원화(한국 돈)를 환전하고 싶은데요.
I'd like to change some Korean WON.
아이드 라익 투 체인지 썸 코리언 원

얼만큼 환전하실 겁니까?
How much?
하우 머치?

20만 원이요.
Two hundred thousand Korean WON.
투 헌드레드 싸우전드 코리언 원

환율이 어떻게 되죠?
What's the exchange rate here?
왓츠 디 익스체인지 레이트 히어?

2017년 5월
기본 원화/달러
환율 기준

1달러당 1,130원 입니다.
It's 1,130 Korean WON to the dollar.
잇츠 원 싸우전드 앤드 원 헌드레드 썰티 코리언 원 투 더 달러

위의 환율을
적용한 결과

백칠십육 달러 구십구 센트($176.99) 입니다.
It'll be $176.99.
이들 비 원 헌드레드 쎄븐티 씩스 달러즈 앤드 나인티나인 센츠

❀ 환전 ❀

호텔

이 돈을 잔돈으로 바꿔주실 수 있나요?
Could you break this, please?
쿠쥬 브레이크 디스 플리즈?

호텔 | 소액 지폐로 바꾸고 싶은 경우는 숙박하는 호텔의 프론트를 이용한다.

어떻게 바꿔드릴까요?
How would you like your bills?
하우 우쥬 라이크 유어 빌즈?

10달러로 바꿔주세요.
In tens, please.
인 텐즈 플리즈

20달러 세 장, 10달러 세 장, 1달러 열 장으로 바꿔주세요.
Three twenties, three tens, and ten one-dollar bills, please.
뜨리 트웬티즈 뜨리 텐즈 앤드 텐 원 달러 빌즈 플리즈

ATM(현금자동지급기) 사용 방법

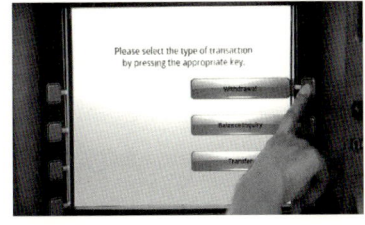

❶ 비밀번호(PIN)를 입력

'PIN'은 한국에서 카드를 결제할 때 입력하는 4자리 숫자와 같은 의미이다.

❷ 'Withdrawal'을 선택

원하는 거래 항목에서 Withdrawal(인출)을 선택한다.

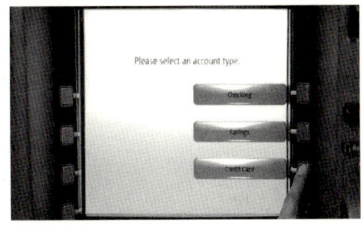

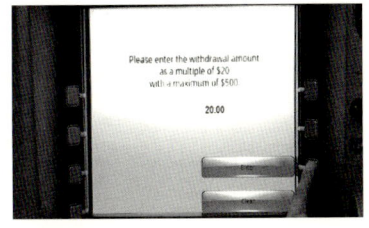

❸ 'Credit Card'를 선택

카드의 종류 항목이 표시되고 신용카드가 있다면 'Credit Card'를 선택한다. 직불 카드, 여행자 카드의 경우는 'Savings(예금)'을 선택한다.

❹ 금액을 입력한다.

화면에서 원하는 금액을 고르든지 직접 금액을 입력한다. 그 후 현금을 수령한다.

사진협조:H,L,S레이크라운지(로얄하와이안센터 B관 3층)

해외 ATM단어장

· 계좌 ····· ACCOUNT 어카운트	· 지급 ····· DISPENSE 디스펜스	· 송금 ····· TRANSFER 트랜스퍼
· 금액 ····· AMOUNT 어마운트	· 예금 ····· SAVINGS 세이빙스	· 인출 ····· WITHDRAWAL 위드드로월
· 정정 ····· CLEAR 클리어	· 거래 ····· TRANSACTION 트랜잭션	

PIN(비밀번호) 확인은 카드 발행 금융기관에서 2주일 정도 걸리는 경우도 있다. 출국 전 확인하려면 서두르자.

TRAVEL | 189

긴급 상황 발생 시 사용하는 문장

만일의 경우를 대비해 긴급한 상황에서 사용하는 표현들을 익혀 두자.

건강 이상

머리가 지끈거려요.
My head is throbbing.
마이 헤드 이즈 뜨라빙

다리를 다쳤어요.
I injured my leg.
아이 인져드 마이 레그

등	발가락
back	toe
백	토

이마	팔	손	손가락
forehead	arm	hand	finger
포어헤드	암	핸드	휭거

저를 병원에 데려다 주시겠어요?
Could you take me to the hospital?
쿠쥬 테이크 미 투 더 하스피털?

배가 아파요.
I have a stomachache.
아이 해버 스토머케이크

너무 심하게 탔어요.
I got a bad sunburn.
아이 가더 배드 썬번

달걀 알레르기가 있어요.
I'm allergic to eggs.
아임 앨러직 투 에그즈

한국어가 가능한 의사선생님이 계신가요?
Is there a Korean-speaking doctor?
이즈　데어러　　　코리언-스피킹　　　닥터?

여기가 아파요.
It hurts here.
잍　헐츠　히어

토할 것 같아요.
I feel like throwing up.
아이 필　라이크　뜨로잉　업

졸려요.
I feel drowsy.
아이 필　　드라우지

열이 나요.
I have a fever.
아이　해버　휘버

감기에 걸린 것 같아요.
I think I caught a cold.
아이 띵크 아이　코우트　어　콜드

구급차를 불러주세요!
Please call an ambulance!
플리즈　콜　언　　　앰뷸런시!

보험 청구용 진단서와 영수증을 받을 수 있을까요?
May I have a medical certificate
메이 아이　해버　　메디컬　　썰티피킷
and receipt for my insurance?
앤드　리시트　포어　마이　인슈어런스?

> 만일의 경우에는
> 경찰, 구급차
> ☏ **911**
> ⋯⋯⋯⋯⋯⋯⋯⋯
> 사건 사고에 휘말리거나
> 긴급한 상황이 발생한 경우
> 에는 911에 연락할 것

※ 유행성독감은 cold(콜드)가 아니라 the flu(더 플루)라고 말한다.

TRAVEL | 191

사건, 사고가 일어났을 경우

경찰을 불러주세요.
Please call the police.
플리즈 콜 더 폴리스

위급한 상황이에요.
It's an emergency.
잇츠 언 이멀전씨

한국어 할 줄 아는 분이 계시나요?
Does anyone speak Korean?
더즈 애니원 스피크 코리언?

지갑을 어딘가에 두고 왔어요.
I left my purse somewhere.
아이 레프트 마이 펄스 썸웨어

누군가 제 OO를 훔쳐갔어요.
Somebody stole my OO.
썸바디 스톨 마이 OO

지갑을 잃어버렸어요.
I lost my wallet.
아이 러스트 마이 왈릿

도난 방지를 위해 수영장이나 해변에서는 방수 지갑을 사용하자.

| 여권 **passport** 패스포트 | 항공권 **air ticket** 에어 티켓 | 신용 카드 **credit card** 크레딧 카드 |

사고, 화재 관련 용어

- 교통사고 ········· traffic accident 트래픽 액씨던트
- 강탈 ············· snatch 스내치
- 화재 ············· fire 화이어
- 소매치기 ········· pickpocket 픽파킷
- 도둑 ············· theft 티프트
- 허리케인(태풍) ···· hurricane 허리케인

누군가 내 차를 부쉈어요.
Somebody broke into my car.
썸바디   브로킨투   마이 카

한국 영사관에 연락하고 싶어요.
I'd like to contact the
아이드 라잌 투   컨택트   더
Korean Consulate.
코리언   컨슐러트

자동차에 치였어요.
A car hit me.
어 카 힛 미

저는 잘못한 게 없어요.
I'm not wrong.
아임 낫   롱

자동차 추돌 사고가 났어요.
We were in a car crash.
위 워 이너 카 크래쉬

긴급 상황 시 한마디

- 도와주세요! ······ Help me! 헬프 매!
- 도둑이야! ········· Robber! 라버!
- 그만 해! ·········· Stop it! 스탑 잍!
- 저 사람 잡아요! ···· Catch him! 캐치 힘!

※ 긴급 상황은 emergemcy(이멀전씨)이지만 같은 긴급이라도 더 위급한 경우에는 urgent(얼전트)를 사용한다.

TRAVEL | 193

숫자 · 요일

==알고 있는 것 같아도 막상 써먹으려고 하면 입에서 나오지 않는 것이 숫자나 요일에 관한 표현이다.==
여행 중에는 몇 번이고 필요하게 되므로 다시 한 번 확인해두자!

가격 등에 사용되는 기본 수량사

수량을 나타내는 기본 수량사는 쇼핑에 꼭 필요하므로 알아들을 수 있도록 연습해두자.

두 사람 예약하고 싶은데요.
I'd like to make a reservation for two people.
아이드 라잌 투   메이커   레저베이션   포어 투 피플

이름은 '김영희'이고 방 호수는 502호입니다.
I'm Yeong-hee Kim in room 502.
아임 '김영희' 인 룸 화이브 오 투

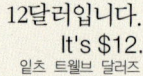
12달러입니다.
It's $12.
잍츠 트웰브 달러즈

0	zero 지로	10	ten 텐	20	twenty 트웬티	30	thirty 떨티
1	one 원	11	eleven 일레븐	21	twenty-one 트웬티-원	31	thirty-one 떨티-원
2	two 투	12	twelve 트웰브	22	twenty-two 트웬티-투	100	a(one) hundred 어(원) 헌드레드
3	three 뜨리	13	thirteen 떨틴	23	twenty-three 트웬티-뜨리	1000	a(one) thousand 어(원) 싸우전드
4	four 포얼	14	fourteen 포얼틴	24	twenty-four 트웬티-포얼	10000	ten thousand 텐 싸우전드
5	five 화이브	15	fifteen 휘프틴	25	twenty-five 트웬티-화이브		
6	six 씩스	16	sixteen 씩스틴	26	twenty-six 트웬티-씩스		
7	seven 쎄븐	17	seventeen 쎄븐틴	27	twenty-seven 트웬티-쎄븐		
8	eight 에잍	18	eighteen 에잍틴	28	twenty-eight 트웬티-에잍		
9	nine 나인	19	nineteen 나인틴	29	twenty-nine 트웬티-나인		

층수, 날짜를 나타내는 서수사

순서나 순번을 전달할 때 사용하는 것이 서수사. 엘리베이터에서 층수를 물어볼 때 자주 사용한다. 표기는 숫자 뒤에 th(1은 st, 2는 nd, 3은 rd)를 붙이기만 하면 된다.

그 곳은 2층에 있어요.
That place is on the 2nd floor.
댓 플레이스 이즈 온 더 쎄컨드 플로어

6월 11일에 예약하고 싶은데요.
I'd like to make a reservation on June 11th.
아이드 라잌 투 메이커 레저베이션 온 준 일레븐뜨

1st	first 펄스트	11th	eleventh 일레븐뜨	21st	twenty-first 트웬티-펄스트	40th	fortieth 포얼티드
2nd	second 쎄컨드	12th	twelfth 트웰프뜨	22nd	twenty-second 트웬티-쎄컨드	50th	fiftieth 휘프티이드
3rd	third 떨드	13th	thirteenth 떨틴뜨	23rd	twenty-third 트웬티-떨드	60th	sixtieth 씩스티이드
4th	fourth 포얼뜨	14th	fourteenth 포얼틴뜨	24th	twenty-fourth 트웬티-포얼뜨	70th	seventieth 쎄븐티이드
5th	fifth 휘프뜨	15th	fifteenth 휘프틴뜨	25th	twenty-fifth 트웬티-휘프뜨	80th	eightieth 에잍티이드
6th	sixth 씩스뜨	16th	sixteenth 씩스틴뜨	26th	twenty-sixth 트웬티-씩스뜨	90th	ninetieth 나인티이드
7th	seventh 쎄븐뜨	17th	seventeenth 쎄븐틴뜨	27th	twenty-seventh 트웬티-쎄븐뜨	100th	one hundredth 원 헌드레드뜨
8th	eighth 에잍뜨	18th	eighteenth 에잍틴뜨	28th	twenty-eighth 트웬티-에잍뜨		
9th	ninth 나인뜨	19th	nineteenth 나인틴뜨	29th	twenty-ninth 트웬티-나인뜨		
10th	tenth 텐뜨	20th	twentieth 트웬티이드	30th	thirtieth 떨티이드		

요일

직거래 장터나 매월 첫째 주 금요일에 다운타운에서 열리는 퍼스트 프라이데이 등, 하와이에서는 요일마다 즐거움이 기다리고 있다. 개최되는 요일을 확실하게 체크하자!

화요일에 예약할 수 있나요?
Can I make a reservation on Tuesday?
캐나이 메이커 레저베이션 온 튜스데이?

월요일	Monday 먼데이	수요일	Wednesday 웬즈데이	금요일	Friday 프라이데이	일요일	Sunday 썬데이
화요일	Tuesday 튜스데이	목요일	Thursday 떨스데이	토요일	Saturday 쌔털데이		

※ 0.1과 같이 소수점(decimal)이 붙을 때는 소수점을 '포인트'라고 발음한다.

계절 · 월 · 시기 · 시간

여행이니까 시간은 잊고 느긋하게. 라고는 해도 레스토랑이나 스파의 예약 일시나 야외 활동의 집합 시간 등 날짜나 시간은 중요하다. 확실히 연습해두자.

계절

하와이는 5~9월이 여름이고 특히 8~9월은 기온도 올라 기분 좋은 무역풍이 불어온다.

봄	Spring	여름	Summer	가을	Autumn/Fall	겨울	Winter
	스프링		썸머		어텀/펄		윈터

월

귀에 익숙한 단어인 만큼 틀리게 말하거나 잘못 알아듣는 일이 없도록 주의하자.

3월 21일에 예약하고 싶은데요.
I'd like to make a reservation for March 21.
아이드 라잌 투   메이커   레저베이션   포어   말치 트웬티 퍼스트

생일은 4월 3일이에요.
My birthday is April 3.
마이   벌쓰데이   이즈 에이프릴 떨드

1월	January	2월	February	3월	March	4월	April
	재뉴에리		훼브류에리		말치		에이프릴
5월	May	6월	June	7월	July	8월	August
	메이		준		줄라이		어거스트
9월	September	10월	October	11월	November	12월	December
	쎕템버		악토우버		노우벰버		디쎔버

시기

예약을 할 때에는 요일이 아니라 '모레'와 같은 표현을 사용하는 경우도 있다.

다음주 화요일에 한국으로 돌아갈 거예요.
I'll return to Korea next Tuesday.
아일   리턴 투 코리아   넥스트   튜스데이

그저께	the day before yesterday	어제	yesterday	오늘	today	내일	tomorrow	모레	the day after tomorrow
	더 데이 비포 예스터데이		예스터데이		투데이		투모로우		더 데이 애프터 투모로우
지난주	last week	이번 주	this week	다음 주	next week				
	래스트 윜		디스 윜		넥스트 윜				

시간

시간은 'O(숫자)o'clock in the morning(afternoon)'과 같은 형식으로 표현하지만 단순히 시간을 나타내는 숫자 뒤에 a.m.이나 p.m.을 붙여도 된다. 한국처럼 24시간으로 표기하는 경우는 거의 없다.

10시에 예약하고 싶은데요.
I'd like to make a reservation for 10 o'clock.
아이드 라잌 투   메이커   레저베이션   포어 텐 어클락

비행기 출발 시간은 아침 8시 15분이에요.
I board the airplane at 8:15 a.m.
아이 보오디   에어플레인 앹 에잍 휘프틴 에이엠

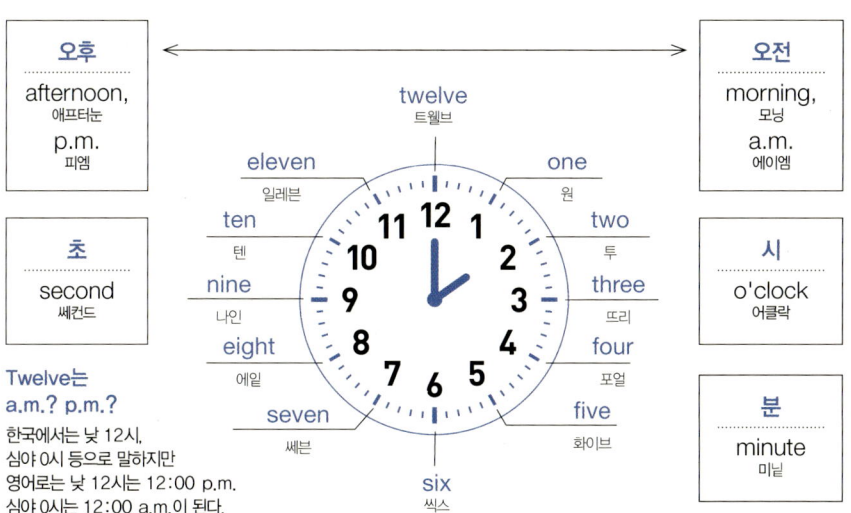

오후 afternoon, 애프터눈 p.m. 피엠

초 second 쎄컨드

Twelve는 a.m.? p.m.?
한국에서는 낮 12시, 심야 0시 등으로 말하지만 영어로는 낮 12시는 12:00 p.m. 심야 0시는 12:00 a.m.이 된다.

오전 morning, 모닝 a.m. 에이엠

시 o'clock 어클락

분 minute 미닡

분의 표현
15분, 30분, 45분은 복수 표현이 있으니 외워두면 편리하다.

9시 15분
nine fifteen
나인 휘프틴
────────────
a quarter past nine
어 쿼터 패스트 나인

9시 30분
nine thirty
나인 떨티
────────────
half past nine
해프 패스트 나인

9시 45분
nine forty-five
나인 포얼티-화이브
────────────
a quarter to ten
어 쿼터 투 텐

- 영업 시간 ····· business hours 비즈니쓰 아워즈
- 폐점 시간 ····· closing time 클로징 타임
- O분 전에 ····· O minutes ago O 미니쓰 어고
- O시 경 ····· about O o'clock 어바웃 O 어클락

- 개점 시간 ····· open hours 오픈 아워즈
- O분 후에 ····· O minutes later O 미니츠 레이터
- O시간이 지나고 ····· past O 패스트 O
- O시 정각 ····· O o'clock sharp O 어클락 샾

※ '잠시만 기다려 주세요'란 말은 'Just a minute(져스 터 미닡)' 'Just a second(져스 터 세컨드)'라고 표현한다.

TRAVEL

한 → 영 단어장

필요할 때 바로 찾아 쓸 수 있는 영어사전.
회화를 할 때 단어를 바꿔 넣거나 손가락으로 가리켜서 활용해 보자.

ㄱ

가까운, 근거리
near
니어

가능한
possible
파써블

(연료를) 가득 넣기
full tank
풀 탱크

가벼운
light
라이트

가운
robe
로우브

가져오다
bring
브링

간식
snack
스낵

감자 튀김(프렌치 프라이)
french-fried potatoes
프렌치-프라이드 포테이토즈

값이 비싼, 고가의
expensive
익스펜씨브

강, 하천
river
리버

개인 수업
private lesson
프라이빗 레쓴

거래(ATM 이용 시)
transaction
트랜섹션

거울
mirror
미러

거절, 거부
refuse
리퓨즈

건물
building
빌딩

건조한, 마른
dry
드라이

겨자
mustard
머스터드

경찰관
police officer
폴리스 오피서

경치, 전망
view
뷰

경치가 좋은
scenic
씨닉

계단
stairs
스테어즈

계산대
cashier
캐쉬어

계산서
check
체크

계속하다
continue
컨티뉴

계약서
contract
컨트랙트

계좌
account
어카운트

고객서비스센터
customer service
커스터머 써비스

고령자
senior citizens
씨니어 씨티즌즈

고맙습니다
thank you
땡큐

고수(코리앤더)
corriander
코리앤더

곧/즉시
soon/immediately
쑨/이미디어트리

공사 중
under construction
언더 컨스트럭션

공중전화
pay phone
페이 폰

공항
airport
에어포트

관광
sightseeing
싸이트씨잉

관리(시술)
treatment
트리트먼트

괜찮아요
no problem
노 프라블럼

괜찮아요
I'm fine
아임 파인

교통수단
transportation
트랜스포테이션

교통체증
heavy traffic
헤비 트래픽

교환
change
체인지

구급차
ambulance
앰뷸런스

국제면허증
international driver's license
인터내셔널 드라이버즈 라이쎈스

국제소포
international parcel post
인터내셔널 파쎌 포스트

국제전화
international call
인터내셔널 콜

귀걸이
earrings
이어링즈

귀여운
cute
큐트

그릇, 접시
plate
플레이트

긁히다
scratch
스크래치

금고
safe
세이프

금액
amount
어마운트

금연
non-smoking
넌-스모킹

기분이 좋은
feeling good
필링 굿

기억하다
remember
리멤버

기침
cough
커프

긴장을 풀고 쉬다
relax
릴랙스

길
street
스트릿

길을 잃다
get lost
겟 러스트

깃털 화환
feather lei
훼더 레이

깨지기 쉬운/깨지기 쉬운 물건
fragile/fragile item
프래질/프래질 아이텀

ㄴ

나누다
share
셰어

날씨
weather
웨더

남성(복수)
men
멘

내리다
get out
겟 아웃

내비게이션 장치
GPS navigation system
지피에스 내비게이션 씨스템

내일
tomorrow
투모로우

냄새 나다
smell
스멜

냅킨
paper napkin
페이퍼 냅킨

녹차
green tea
그린 티

누름
push/press
푸쉬/프레쓰

눕다
lie down
라이 다운

느슨한
loose
루우스

늦은
late
레이트

ㄷ

다른
different
디퍼런트

다른
any other/another
애니 아더/어나더

단단히
tightly
타이틀리

단체 여행
group tour
그룹 투어

단품 요리
a la carte
알라 카르트

달걀
egg
에그

담배
tobacco
토바코

당근
carrot
캐럿

당연하다. 그렇다.
sure
슈어

대사관
embassy
엠버씨

대여료, 렌탈비
rental fee
렌틀 피

더러운
dirty
덜티

더 맵게
more spicy
모어 스파이씨

더 부드럽게
softer
소프터

더 세게
harder
할더

더 온화한
milder
마일더

도난당하다	딸기	만지다
stolen	**strawberries**	**touch**
스톨른	스트로베리즈	터치

도움, 돕다	떨어지다, 떨어뜨리다	맛있는
help	**drop**	**delicious/pretty good**
헬프	드랍	딜리셔스/프리티 굿

도착하다	또 봐요	맛있어요
arrive	**see you**	**yummy**
어라이브	씨 유	여미

돌고래	뜨거운	(옷이 잘) 맞다
dolphin	**hot**	**fit**
돌핀	핫	핏

돌아가다		맞아요
go back		**exactly**
고 백		이그잭클리

동전
coins
코인즈

ㄹ

~를 향해	매운
towards	**spicy**
투얼즈	스파이씨

동전교환기	리필	매일
coin changer	**refill**	**every day**
코인 체인저	리필	에브리데이

동전투입식 보관함	림프관	맥주
coin-operated locker	**lymph**	**beer**
코인-오퍼레이티드 라커	림프	비어

두려운, 겁이 난		맨발
afraid		**bare feet**
어프레이드		베어 피트

ㅁ

두루마리 화장지	마사지	머무르다
roll of toilet paper	**massage**	**stay**
롤 어브 터일렛 페이퍼	머싸지	스테이

뒤로	마요네즈	메뉴
backwards	**mayonnaise**	**menu**
백워즈	마요네즈	메뉴

뒤쪽	마운틴뷰(산이 보이는 객실)	메이드 서비스(객실청소 서비스)
rear	**mountain view**	**maid service**
리어	마운틴 뷰	메이드 썰비스

드라이어	마카로니 샐러드	멤버십카드(회원전용카드)
hair dryer	**macaroni salad**	**membership card**
헤어 드라이어	매커로우니 샐러드	멤버십카드

드문/특별한	막힌	면도기
rare/unusual	**blocked**	**razor**
레어/언유쥬얼	블락트	레이저

등	만나다	면세점
back	**meet**	**duty-free shop**
백	미이트	듀티-프리 샵

디자인	만남	명소
design	**encounter**	**place of interest**
디자인	인카운터	플레이스 어브 인트러스트

따뜻한	만석	모닝콜
warm	**fully booked**	**wake-up call**
워엄	풀리 북트	웨이크업 콜

모든 것, 여러 가지
everything
에브리띵

모레
the day after tomorrow
더 데이 애프터 투모로우

모른다
I don't know
아이 돈트 노우

(테 있는) 모자
hat
햇

목이 마른, 갈증이 나는
thirsty
떨스티

목적지
destination
데스티네이션

몸, 신체
body
바디

무대
stage
스테이지

무료
free
프리

무알콜 음료(버진 칵테일)
virgin cocktail
버진 칵테일

문을 닫음, 영업종료
closed
클로즈드

문제
trouble
트러블

묻다
ask
애스크

물
water
워터

물론이다
of course
어브 코스

미안합니다.
I'm sorry
아임 쏘리

미장원
beauty salon
뷰티 쌀롱

ㅂ

미터기
meter
미터

민감한, 예민한
sensitive
쎈서티브

바깥
outside
아웃싸이드

바람막이 점퍼
windbreaker
윈드브레이커

반납
return
리턴

반대편
opposite side
아퍼짙 싸이드

반바지
short pants
쇼트 팬츠

받다
receive
리씨브

발송
send
쎈드

발효
fermented
퍼맨티드

밝은
light
라이트

방 열쇠
room key
룸 키

방향
direction
디렉션

배, 보트
boat
보우트

배가 고픈
hungry
헝그리

배달, 배송
delivery
딜리버리

백미, 백미밥
white rice
와이트 라이스

버거
burger
버거

버섯
mushroom
머쉬룸

버스
bus
버스

버스정류장
bus stop
버스탑

(숫자) 번호
number
넘버

베개
pillow
필로우

벽
wall
월

변기 물을 내리다
flush
플러시

변비
constipation
칸스티페이션

변압기
transformer
트랜스포머

병
jar/bottle
재르/바틀

병원
hospital
하스피털

보다
take a look
테이크 룩

보여주다/가르치다/말하다
show/teach/tell
쇼우/티치/텔

보험
insurance coverage
인슈어런스 커버리지

보험료
insurance
인슈어런스

봉사료	빨대	서늘한
tip	straw	cool
팁	스트로	쿨

ㅅ

부딪힌		서두르다, 급하다
damaged		hurry
데미지드		허리

부르다	사무실	서명, 사인
call	office	sign
콜	오피스	싸인

부분 오션뷰	사용 중	서핑보드
partial ocean view	occupied	surfboard
파셜 오션 뷰	아큐파이드	서프보드

분리하여, 나누어	사진(동영상) 촬영하다	선글라스
separate	take pictures(movies)	sunglasses
쎄퍼레이트	테이크 픽쳐즈(무비즈)	썬글래씨즈

분명히, 꼭	산 쪽	선금
definitely	mountain side	advance
데피너틀리	마운틴 싸이드	어드밴스

분실물 취급소	삶은 달걀	선물/기념품
lost and found	boiled egg	gift/souvenir
러스트 앤드 화운드	보일드 에그	기프트/수브니어

불가능한	상의	선박 우편
impossible	jacket	sea mail
임파써블	재킷	씨 메일

불만사항	새 수건	설사
complaint	fresh towels	diarrhea
컴플레인트	프레쉬 타월즈	다이어리어

뷔페	(글씨 등을) 새기다	설탕
buffet	engrave	sugar
버페	인그레이브	슈거

브로셔(안내 책자)	새콤달콤한	성(성씨)
brochure	sour-sweet	family name
브로우슈어	싸우워–스위트	훼밀리 네임

비밀번호, 패스워드	샐러드	세금
password	salad	tax
패스워드	쌜러드	택스

비상구	생각해내다	(수를) 세다
emergency exit	remember	count
이멀전씨 엑싵	리멤버	카운트

비치타월	생과일 주스	세면도구
beach towels	fresh juice	toiletries
비치 타월즈	프레쉬 쥬스	터일러트리즈

비행	(여성)생리	세탁세제
flight	period	laundry detergent
플라이트	피리어드	런드리 디털전트

빌리다/렌트 하다	생리통, 위경련	세탁실
borrow/rent	cramps	laundry room
바로우/렌트	크램프스	런드리 룸

빗	생선요리	셔틀버스
comb	fish cuisine	shuttle bus
코움	피쉬 퀴진	셔틀 버스

소음	식사	아울렛
noise	meal	outlet
노이즈	밀	아울렛

속옷	(맛이) 신, 새콤한	아이스티
underwear	sour	iced tea
언더웨어	싸우워	아이스트 티

손가락	신문	아직
finger	newspaper	yet
휭거	뉴즈페이퍼	옛

손목시계	신발	아침 일찍
watch	shoes	early morning
왓치	슈즈	얼리 모닝

손톱	신선한	아침 식사
fingernail	fresh	breakfast
휭거네일	프레쉬	브렉퍼스트

송금	신용카드	안개
transfer	credit card	fog
트랜스퍼	크레딧 카드	퍼그

수도꼭지	신청서	안경
faucet	application form	glasses
퍼씻	어플리케이션 폼	글래씨즈

수업	신청하다, 접수하다	안내 데스크
class	apply	concierge desk
클래쓰	어플라이	컨시어지 데스크

수저	신혼여행	안내 지도
spoon	honeymoon	guide map
스푼	허니문	가이드 맵

수하물표	실내	안녕하세요
baggage claim	inside	hello
배기지 클레임	인싸이드	헬로

숙박, 숙소	실례합니다	안녕히 계세요
stay	excuse me	goodbye
스테이	익스큐즈 미	굿바이

순환	실수하다	안전한
flow	make a mistake	safe
플로우	메이커 미스테이크	세이프

술	쓰레기 수거함	안쪽 자리
liquor	rubbish chute	in the back
리쿼	러비쉬 슈트	인 더 백

술이 취한	아니요, 괜찮아요	앉다
drunk	no, thanks	sit
드렁크	노, 땡쓰	씻

스무디	아래층	알레르기
smoothie	downstairs	allergy
스무디	다운스테어즈	앨러지

습도	아름다운	알로하 셔츠
humidity	beautiful	aloha shirt
휴미더티	뷰티풀	알로하 셔츠

식당		알약/정제
restaurant		pill/tablet
레스토랑		필/태블릿

압축	여권	오션뷰(전경에 바다가 보이는 객실)
compress	passport	ocean view
컴프레스	패스포트	오션 뷰

약/약품 medicine 메드쓴

여름용 원피스 sun dress 썬 드레쓰

오션 프론트(가까이에서 바다가 바로 보이는 객실) ocean front 오션 프론트

약간 bit/little 빗/리들

여분 extra 엑스트라

온도 temperature 템퍼러쳐

약국 pharmacy 팔머씨

여성(복수) women 위민

온수, 뜨거운 물 hot water 핱 워터

양(1인분) portion 펄션

여행가방 suitcase 슈트케이스

와인 wine 와인

양파 onion 어니언

(자동차) 연료 gasoline 개솔린

왕복 여행 return trip 리턴 트립

어깨 shoulder 쇼울더

열다 open 오픈

요금 fare 페어

어디 where 웨어

영수증 receipt 리시트

욕실 bathroom 배쓰룸

어딘가 somewhere 썸웨어

영업시간 business hours 비즈니쓰 아워즈

우유 milk 밀크

어려운 difficult 디피컬트

영화 movie 무비

운전기사 driver 드라이버

얼굴을 아래로 (엎드리다) facing down 훼이싱 다운

예금 savings 쎄이빙즈

운전면허증 driver's license 드라이버즈 라이쎈스

얼굴을 위로 (똑바로 눕다) facing up 훼이싱 업

예를 들면 for example 포어 이그젬플

운전하다 drive 드라이브

얼마예요 how much 하우 머치

예약 reservation 레저베이션

위, 배 stomach 스토머크

엄지손가락 thumb 떰

예약 확인증 voucher 바우처

위급한 상황 emergency 이멀전씨

~없이 without 윗아웃

오, 이런 oh, my gosh 오, 마이 가쉬

위험한 dangerous 데인저러스

에스컬레이터 escalator 에쓰컬레이터

오늘 today 투데이

유명인사 celebrity 쎌레브러티

에어컨 air conditioner 에어 컨디셔너

오믈렛 omelet 어믈릿

유통기한
expiration date
엑스퍼레이션 데이트

은행
bank
뱅크

음료
drink/beverage
드링크/베버리즈

의미, 뜻
mean
미인

의지하다, ~에 따라 다르다
depend
디펜드

이불, 담요
blanket
블랭킷

이상한
strange
스트레인지

이쑤시개
toothpicks
투쓰픽스

이용 가능한
available
어베일러블

인기 있는
popular
파퓰러

(계좌에서 돈을) 인출
withdrawal
위드드럴

인터넷 연결
internet connection
인터넷 커넥션

인화성가스 함유
containing flammable gas
컨테이닝 플래머블 개스

(골프장)일반 방문객 그린피 요금
fee for visitors
피 포어 비지터즈

일행
companion
컴패니언

잃어버리다, 없어지다
be lost
비 러스트

입구
entrance
엔트런스

입다
put on
풋 온

입어보다
try it on
트라이 이돈

입장
admission
어드미션

입장료
general admission
제너럴 어드미션

ATM(자동입출금) 기계
ATM machines
에이티엠 머신즈

ㅈ

자동차
car
카

자동판매기
vending machine
벤딩 머신

자르다
cut
컷

자명종 시계
alarm clock
얼람 클락

자유석
unreserved seat
언리저브드 씻

잔돈
change
체인지

잘못, 과실
fault
펄트

잡지
magazine
매거진

장비
equipment
이큅먼트

재료비
material cost
머티리얼 코스트

재활용 봉지
reusable bag
리유저블 백

저쪽에
over there
오버 데얼

적게
less
레쓰

전기밥솥
rice cooker
라이스 쿠커

전기제품
electronics
일렉트로닉스

전시관, 미술관
gallery
갤러리

전원
power
파워

전자레인지
microwave oven
마이크로웨이브 오븐

전채요리(스타터)
starter
스타터

전통적인
traditional
트래디셔널

전혀, 전적으로
totally
토우털리

접속, 연결
connection
커넥션

정각
on time
온 타임

정각 O시
o o'clock
O 어클락

정말 싫은데요(또는 안 돼)!
no way!
노 웨이!

정말 잘 모르겠어요
I'm really not sure
아임 리얼리 낫 슈어

정말이요?
really?
리얼리?

정면에
in front of
인 프런트 어브

정책, 약관	중요한	청바지
policy 팔러씨	**important** 임포얼턴트	**jeans** 진즈

제빙기	즐기다/즐거운 시간	청소
ice machines 아이스 머신즈	**enjoy/good time** 인조이/굿 타임	**cleaning** 클리닝

제품, 상품	지갑	체크인
product 프로덕트	**wallet** 왈릿	**check-in** 체크인

조언, 추천	지불하다/제공하다	초보자
recommend 레커멘드	**pay/dispense** 페이/디스펜스	**beginner** 비기너

조용한	지정석	추가의
quiet 콰이엇	**reserved seat** 리저브드 씻	**additional** 어디셔널

조절하다	지폐	추운, 차가운
adjust 어드저스트	**bills** 빌즈	**cold** 콜드

졸리운	직행	출구
sleepy 슬리피	**non-stop** 난-스탑	**exit** 엑싵

좌석	짐, 수하물	출장
seat 씻	**luggage** 러기지	**business trip** 비즈니스 트립

좌석번호		충분한
seat number 씻 넘버	**ㅊ**	**enough** 이너프

좌석벨트	차량 렌탈(대여)	충전
seat belt 씻 벨트	**car rental** 카 렌틀	**charge** 차아지

좌석이 있는/비어 있는	차리다, 제공하다	취급주의
available/vacant 어베일러블/베이컨트	**serve** 써브	**handle with care** 핸들 위드 케어

주1회	참깨	취소
once a week 원스 어 위크	**sesame** 쎄써미	**cancellation** 캔슬레이션

주말	창가	치약
weekend 위캔드	**by the window** 바이 더 윈도우	**toothpaste** 투쓰페이스트

주문	처방전	치즈
order 오더	**prescription** 프리스크립션	**cheese** 치즈

주소	처음	침대
address 어드레쓰	**first time** 펄스트 타임	**bed** 베드

준비를 마친	천천히	칫솔
ready 레디	**slowly** 슬로울리	**toothbrush** 투쓰브러시

중간 크기	청구서	
middle size 미들 싸이즈	**bill** 빌	

206 | 영포자 여행 영어 for Hawaii

ㅋ

카메라
camera
캐머러

카운터
counter
카운터

칼
knife
나이프

커피
coffee
커피

커피스틱
stir stick
스터 스틱

케첩
ketchup
케첩

코스 요리
course menu
코스 메뉴

코코넛
coconut
코코넛

콘택트렌즈 용액
lens solution
렌즈 쏠루션

콜라
coke
코크

쿠폰
coupon
쿠폰

ㅌ

타다, 탑승하다
get on/ride
게 돈/라이드

타로(토란의 일종)
taro
타로

탁자, 식탁
table
테이블

탄산음료
soda
소다

탄산음료기계
soda fountain
소다 파운틴

탈의실
changing room/fitting room
체인징 룸/피팅룸

탐폰(생리대의 일종)
tampon
탬판

택시
taxi
택시

테라스
terrace
테라스

토마토
tomato
토메이토

토핑
toppings
토핑즈

토할 것 같다
feel sick
필 씩

통로
aisle
아일

통증, 고통
pain
페인

트롤리
trolley
트롤리

티셔츠
t-shirt
티셔츠

티켓 안내소
ticket stand
티켓 스탠드

티켓, 표
ticket
티켓

ㅍ

파도
wave
웨이브

파도가 일렁이는
choppy
차피

파손된
damaged
데미지드

팔다
sell
쎌

팬케이크
pancakes
팬케이크

(타이어가) 펑크 난
flat
플랫

평일
weekday
위크데이

포장
to go
투 고

포장
wrap
랩

포크
fork
포크

포터, (호텔 등의) 운반인
porter
포터

포함된
included
인클루디드

프렌치토스트
french toast
프렌치 토스트

프론트
front desk
프런트 데스크

플립플랍/비치샌들
flip-flops/beach sandals
플립플랍스/비치 샌들즈

피
blood
블러드

피부
skin
스킨

필요한
necessary
네써쎄리

ㅎ

하루 걸러
every other day
에브리 아더 데이

하와이 퀼트
hawaiian quilt
하와이안 퀼트

학생
student
스튜던트

한 시간
one hour
원 아워

한 번 더
one more time
원 모어 타임

한식
korean food
코리언 푸드

한정 색상
exclusive color
익스클루시브 컬러

한쪽만 익힌 달걀프라이
sunny-side up
써니-싸이드 업

할인
discounts
디스카운츠

항공우편
airmail
에어메일

해변에 있는 자리
Beachfront
비치프런트

행선지
direction
디렉션

향수
perfume
퍼퓸

헤드폰
headset
헤드셋

현금
cash
캐쉬

현금 지불
cash out
캐쉬 아웃

현미, 현미밥
brown rice
브라운 라이스

현지 직원
local staff
로컬 스탭

혈액형
blood type
블러드 타입

혼잡한
crowded
크라우디드

화장실
restroom/bathroom
레스트룸/배쓰룸

화장품
cosmetics
카즈메틱스

화재
fire
화이어

확인하다
confirm
컨펌

환불/배상
refund/reimbursement
리펀드/리임벌스먼트

환승
transfer
트랜스퍼

환율
exchange rate
익스체인지 레이트

환전
change
체인지

회신, 다시 전화하다
call back
콜 백

횡단보도
crosswalk
크로쓰워크

후드티
hoodie
후디

후식, 디저트
dessert
디저트

훌륭한/굉장한
wonderful/great
원더풀/그레잍

휴대폰
cell phone
셀 폰

흡연구역
smoking area
스모킹 에리어

* TRAVEL 사진 출처
셔터스톡(www.shutterstock.com)

cleanfotos, 1000 Words,
Theodore Trimmer, Kunal Mehta,
Osugi, BlackMac, MaxPhoto,
Pashaco, Victor Wong,
Jeff Whyte, Theodore Trimmer,
Robert Cravens.

영포자 **여행 영어** for Hawaii